ISBN 978-0-267-06914-9
PIBN 11292743

This book is a reproduction of an important historical work. Forgotten Books uses
state-of-the-art technology to digitally reconstruct the work, preserving the original format
whilst repairing imperfections present in the aged copy. In rare cases, an imperfection in
the original, such as a blemish or missing page, may be replicated in our edition. We do,
however, repair the vast majority of imperfections successfully; any imperfections that
remain are intentionally left to preserve the state of such historical works.

Über die

# Sprache des Roman du Mont Saint-Michel

von

## Guillaume de Saint-Paier.

---

## Inaugural-Dissertation

zur

### Erlangung der Doktorwürde

bei der

philosophischen Fakultät der Kaiser-Wilhelms-Universität Strafsburg

eingereicht von

## Karl Huber.

---

Braunschweig.

Druck von George Westermann.

1886.

Herrn

# Professor Dr. Gustav Gröbe

in Dankbarkeit

zugeeignet.

Von den Litteraturdenkmälern der südwestlichen Normandie ist eins der wichtigsten der Roman du Mont Saint-Michel. Was ihn in der von Francisque Michel publizierten Handschrift vor allem auszeichnet, ist die grofse Zahl von eigentümlichen Schreibungen. Es ist nun meine Absicht gewesen, zu untersuchen, inwiefern dieselben auf den Dichter zurückgehen, und ob sie geeignet seien, uns ein wahres Bild von der Sprache des Südwestens der Normandie zu geben.

Ähnliche Aufgaben haben sich schon andere gestellt, haben aber dabei nur einzelne Erscheinungen ins Auge gefafst, ohne den Gesamtcharakter der Handschrift genügend zu berücksichtigen; oder sie setzten sich über die (scheinbaren und wirklichen) Widersprüche ohne weiteres hinweg und sprachen unserem Denkmal Eigentümliches keck ab. Diese Fehler sollen im Folgenden vermieden werden. — Dies war indes nur möglich, wenn der von jenen betretene Weg des Beweises durch den Roman allein oder mit Hinzuziehung nur eines benachbarten gleichalterigen Denkmals verlassen und eine breitere Grundlage durch Vergleichung mehrerer, aus gleicher oder jüngerer Zeit und allen umgebenden Gebieten stammender Denkmäler geschaffen wurde.

Ergaben diese auch nur unbefriedigende oder gar keine Auskunft, so wurde der sicherste und letzte Prüfstein, die heutige Volksmundart, zu Rate gezogen.

War es auch nicht möglich, die eine oder die andere Erscheinung als des Dichters Sprache angehörig festzustellen, so ergab sich doch eine bestimmte Vorstellung von dem Wesen derselben; und wenn es

1

gelang, sie in bestimmten Gebieten als einst oder selbst heute noch
gesprochen zu erweisen, so mußten sie mindestens ein Bild der
Sprache des letzten Kopisten und damit eine Charakterisierung jener
Handschrift ergeben.

Ich beabsichtigte ursprünglich auch die Formenlehre unseres
Denkmals mit in meine Untersuchung hineinzuziehen, doch bin ich
davon abgekommen, weil sich des Besonderen, nicht schon aus Waces
und Benoits Werken Bekannten, wenig ergab, das ich im Anhang
zu den allgemeinen Bemerkungen hinzufügen konnte. Ein anderer
Teil desselben ist in der Lautlehre zur Sprache gekommen.

Für gütigst erteilte Ratschläge bei der Abfassung dieser Arbeit
sei es mir gestattet, an dieser Stelle Herrn Professor Gröber meinen
besten Dank auszusprechen.

## § 1. Vom Dichter.

Der Dichter nennt sich selbst in v. 17 der von Michel edierten
Hs.: *Guillelme de Seint-Paier* (über Paier s. ẹ ged.). Es giebt mehrere
Orte des Namens Saint-Paier resp. Saint-Pair: der eine, vom Dichter
selbst citiert (v. 2392), als zu den Besitzungen des Klosters auf dem
Mont Saint-Michel gehörig, Sainct Paier eu Costentin (Cotentin,
Manche), eine Abtei südöstlich von Granville gelegen; die anderen,
von denen mir sonst Näheres nicht bekannt ist, im Avranchin, im
Dép. Calvados, Eure, Seine-Inf. Es läßt sich nicht entscheiden,
welchem Orte der Dichter entstammte, wahrscheinlich dem ersteren.
Sprachlich gehören wohl die ersten beiden (nach der Karte von Joret
in den Caractères et extension du patois normand, Paris 1883) dem
Avranchin an.*

Über die Lebensumstände des Dichters ist uns wenig bekannt;
was wir davon wissen, ist dargelegt in der Einleitung zu Michels

---

* Es ist wahrscheinlich, daß das bei Granville gelegene Saint-Paier
eine etwas andere Mundart aufweist und aufwies als der Mont Saint-Michel;
da wir aber einerseits den Heimatsort des Dichters nicht bestimmt nach-
weisen können und es andererseits wahrscheinlich ist, daß seine Herkunft
auf seine Sprache keinen oder doch keinen großen Einfluß ausgeübt haben
kann, weil er früh auf den Mont Saint-Michel gekommen sein muß, so
brauchen wir auf jene mundartliche Differenz keine Rücksicht zu nehmen.

Textausgabe (s. u.) von Beaurepaire p. X. Geburts- und Todesjahr sind unbekannt. Sicher ist blofs, dafs er während der Vorsteherschaft von Robert de Torigny (1154—1186) auf dem Mont Saint-Michel als Mönch gelebt und in dieser Zeit als jovencels (v. 15) den Roman geschrieben hat. Das „jovencels" ·will indes zu Beaurepaires Angabe (Einleitung p. VII), dafs der Dichter schon zur Zeit des Abtes Bernhart (um 1143) einen gewissen Einflufs besessen habe, nicht stimmen. Auch weifs Hs. B des Romans (s. u.) nichts von einem „jovencels". Stand es im Original, so mufs Guillaume sein Werk noch in den fünfziger Jahren des 12. Jahrh. geschrieben haben.

Den Angaben Beaurepaires ist noch folgendes hinzuzufügen: Ein Wilhelmus de Sancto Paterno findet sich 1155 als Zeuge unter den Mönchen des Klosters des Mont Saint-Michel, s. Robert de Torigny ed. L. Delisle Bd. II, p. 262, ebenso noch 1164 (ib. p. 271) und 1172 (ib. p. 305). Wir dürfen wohl in diesem unseren Dichter erkennen, zumal ein. anderer gleichen Namens in den Urkunden nicht auftritt, in welchem Falle wir, wie dies bei anderen Mönchen geschieht, die Bezeichnung mit I, II etc. erwarten dürften.

Guillaumes Lebenszeit mag also in die Jahre 1130—1180 fallen.

Des Dichters „Roman", wir würden Klosterchronik sagen, setzt eine innige Bekanntschaft mit der Geschichte des Klosters auf Mont Saint-Michel und dessen Legenden voraus; nachweislich (s. Beaurepaire) hat denn auch Guillaume lateinische Urkunden des Klosters nur ins Französische übertragen. Lesen und Schreiben mag er wohl auch auf dem Mont Saint-Michel gelernt haben; er wird die Sprache seiner nächsten Umgebung geschrieben haben. Der Mont Saint-Michel liegt im südlichen Avranchin; wir werden also bei unserer Untersuchung da, wo auf die moderne Mundart eingegangen werden mufs, diejenige des südlichen Avranchin zur Vergleichung heranziehen.

## § 2. Die Handschriften.

Der Roman du Mont Saint-Michel ist in zwei alten Hss. überliefert. Eine Transskription des Romans aus dem 17. Jahrh. befindet sich (nach Beaurepaire p. VI) auf der Nationalbibliothek in Paris, eine neuere Abschrift der älteren Hs. des British Museum, besorgt vom Baron de Pirch, auf der Bibliothek zu Avranches.

Die beiden alten Hss. sind heute im British Museum in London einregistriert als Ms. addit. 10289 und 26876. Die erstere, die ich im Folgenden kurz mit-A bezeichne (26876 mit B), ist eine Sammelhandschrift aus dem Jahre 1280. Genau beschrieben ist sie meines Wissens noch nicht (Beaurepaire a. a. O. giebt nur wenige Andeutungen). Inhaltsangaben finden sich bei Beaurepaire in seiner Einleitung zu Michels Ausgabe und bei Robert Reinsch, dem Herausgeber des Roman de la Résurrection de Jésus-Christ in Herrigs Archiv Bd. LXIV, p. 166. Was zu erfahren von besonderer Wichtigkeit war, ist von beiden, Beaurepaire und Reinsch, mit Stillschweigen übergangen, nämlich die Angabe, ob die Sammelhandschrift von einer oder von mehreren Händen geschrieben sei.

Wie mir Herr cand. phil. Elsner hier, der sie einsehen konnte, mitteilt, scheinen es drei zu sein, und zwar schrieb die erste in klarer großer Schrift unseren Roman, die zweite die nächsten sechs Stücke, die dritte das letzte (Fabliau des Colin Malet).

Wir können somit von einer Vergleichung der sämtlichen Stücke unserer Hs. absehen; haben sie aber insofern doch dazu beigezogen, als sie westnormannische Autoren und Sprachcharakter haben.

Unser Roman ist in Hs. A sehr lückenhaft überliefert; da indes die Schrift sehr sorgfältig ist, scheint dieser Mangel nicht dem letzten Kopisten zur Last zu fallen. Daß seine Vorlage schon verstümmelt war, möchte die wieder ausradierte, hinter v. 2749 stehende Zeile: cen ne sei jen cum fut ostee andeuten; wie schon Michel bemerkt, dürfte sie sich auf ein ausgefallenes Blatt der Vorlage beziehen. Verhält es sich in der That so, so kann Hs. B nicht unmittelbar auf die Vorlage von A zurückgehen, denn obwohl jünger, so ist sie doch vollständiger, und nur durch die Flüchtigkeit des Kopisten verkürzt und verdorben.

Die Lücken in A (genauere Angabe, wo sie sich finden, s. u.) sind inhaltlich aus den lateinischen Vorlagen ergänzt in den Mémoires de la société des antiquaires de Normandie (später einfach als Mém. citiert) Bd. XIV, p. 37 ff. und XVII, p. 15 u. 321 ff. Jene Vorlagen befinden sich heute noch unediert auf der Bibliothek zu Avranches.

Hs. A ist erst zur Zeit der französischen Revolution nach England gekommen (vgl. Abbé de la Rue: Essai sur les jongleurs et bardes II, 305).

Über eine dritte, verlorene, von Montfaucon erwähnte Hs. siehe

Varnhagen, Rom. Ztschr., hrsgb. von Prof. Gröber (später citiert als R. Zs.), Bd. I, 545 ff.

Hs. B, heute im British Museum 26 876, ist genau beschrieben von Varnhagen a. a. O. Sie ist vollständiger als A, aber sehr flüchtig geschrieben, weshalb die 4142 Verse des Originals (nach Varnhagens Berechnung) in ihr auf 3965 zusammenschrumpften. Sie stammt aus dem Jahre 1340 und ist schon seit dem 15. Jahrh. in England (nach Varnhagen), scheint aber doch von einem Normannen des Kontinents kopiert zu sein. Dafs sie so früh dahin kam, könnte auf wohlberechneter Absicht beruhen, war doch der Mont Saint-Michel in England reich begütert (vgl. Delisle a. a. O. II, 318) und mufste also unser Roman für englische Angehörige des Klosters besonderes Interesse besitzen.

Es ist mir leider trotz mehrfacher Bemühungen nicht möglich gewesen, eine Kollation dieser Hs. zu erhalten, deshalb habe ich Umgang genommen, in A (ich bezeichne im Folgenden kurz so den Text Michels, wie er in der Sammelhandschrift vorliegt) fernerliegende Textkorrekturen zu versuchen, da dies in erspriefslicher Weise wohl nur mit vollständiger Kenntnis von B geschehen kann. Blofse Schreibfehler habe ich natürlich korrigiert, ebenso bei mangelnder Silbenzahl im Vers leicht zu Ergänzendes hinzugefügt, beziehungsweise überzählige Silben ausgeschieden.

Von B kenne ich nur die ersten 58 Verse, zum Teil nach Varnhagen (a. a. O. 26 Verse), zum anderen Teil durch Herrn Elsners Vermittelung. Aufserdem hat mir letzterer die Lesarten von B an den in A wichtigsten Stellen mitgeteilt, wofür ich ihm auch hier meinen besten Dank abstatte.

Es wird Sache eines neuen Herausgebers unseres Romans sein, die Stellung und den Wert von B gegenüber von A genau zu untersuchen; wir haben mangels dieser Kenntnis auf anderen Wegen (Vergleichung gleichalteriger und derselben Gegend oder benachbarter angehöriger Handschriften und der modernen Mundart) uns von der Stellung von A ein Bild zu machen gesucht.

§ 3. Edition und Besprechung des Romans.

Nach Hs. A ist derselbe ediert worden von Francisque Michel zuerst in den Mém. Bd. XX, 510 ff. und XXII, sodann separatim

Caen 1856. In letzterer Ausgabe mit verkürzter Vorrede von Beaure-
paire. Der Abdruck des Textes erfolgte nach einer Abschrift vor
Thomas Wright. Die Varianten erneuter Lesung durch Michel sind
dessen Ausgabe im Anhange beigegeben. Eine nochmalige Kollation
dieser Hs. wird nicht vonnöten sein, wie mir Herr Prof. Dr. Kluge
der Anfang und Schluſs von neuem verglich, versicherte.

Besprochen wurde Text A schon durch Le Héricher in der
Mém. XXIV, 80 ff., mit einigen glücklichen Winken in Bezug auf
gewisse dunkle Stellen und Wörter. Ich komme im Einzelnen darauf
zurück.

Bestimmte Punkte der Lautlehre fanden sodann eine erstmalige,
ausführlichere Besprechung in der Dissertation von P. Schulzke: Be-
tontes $e$ + $i$ und $\varrho$ + $i$ in der normannischen Mundart, Halle 1879,
p. 22 u. 26 ff., fernerhin bei Kehr: Über die Sprache des livre des
manières von Etienne de Fougères. Bonner Diss. Köln 1884.

Diese Abhandlung zieht meist die Sprache unseres Denkmals
zur Vergleichung heran, doch führt dies gerade in den wichtigsten
Punkten zu Resultaten, in denen ich mit Kehr nicht übereinstimme.
Siehe darüber die betreffenden Stellen der Lautlehre. — Andere
Äuſserungen geschahen gelegentlich und sind ebenfalls berücksichtigt
worden.

## § 4. Metrum und Reim.

Das Metrum ist der paarweis gereimte achtsilbige Vers. Reiche
Reime finden sich nur selten, ich kann dafür auf Freymond: Über
den reichen Reim bei altfranzösischen Dichtern, R. Zs. VI, verweisen.
Daſs ein Wort gelegentlich mit sich selbst reimt, hat schon Tobler:
Vom franzö́s. Versbau alter und neuer Zeit p. 130 nachgewiesen.
Verstöſse gegen die Silbenzahl sind ziemlich häufig, und wohl nur
der schlechten Überlieferung zuzuschreiben. Ich gebe im Folgenden
ein Verzeichnis der fehlerhaften Verse zum Teil mit Besserungsvor-
schlägen:

*Eine Silbe zuviel* weisen folgende Verse auf:
24 tilge *e* in *encore*. — 129 streiche *beus*. — 187 l. statt
*esperit: esprit*. — 202 *q'iluec* cf. 1171. — 410 l. *or*. — 411 für
*soleit* l. *soleient*, für *li l'*, vgl. 510. — 470 wohl richtig gebessert
durch Kehr: Thesen zu dessen Diss.: *l'ahesment*. — 568 l. *qui's*. —
576 für *faites* l. *fait*. — 631 streiche *la*. — 710 statt *soi* l. *l'oï*. —

718 statt *devenu* l. *venu*. — 894 streiche *si*. — 947 für *aprof* l.
*prof.* — 978 l. *mestent.* — 1051 streiche das erste *de*. — 1112 l. *or.* —
1171 l. *qu'en*. — 1270 l. *si'l*. — 1412 str. *molt.* — 1715 l. *alooent*. —
1966 l. *qu'huens*. — 2222 l. *heirs*. — 2506 l. *je's*, cf. 2510, wo
fälschlich *j'es* steht. — 3023 l. mit Le Héricher: *notre*. — 3028 für
*je oi* l. *j'oi*. — 3035 vielleicht: *nul graignor?* — 3497 *un paile* cf.
1237. — 3702 l. *desqu'out*.

*Um eine Silbe zu kurz sind folgende:*
336 ergänze: *et* zwischen *deniers* und *pain*. — 382 *(ain)si*. —
414 *leu ou oie* (= hodie, einsilbig) *a*. — 455 *les* (sc. *eves*). — 484 *Ponz*
mit Le Héricher: *paroisse près d'Avrenches*. — 723 *(et) li jorz*. —
738 *(de) loing*. — 615. 780. 832 verwischt Michel mit seinen Ergän-
zungen dialektische Züge. — 914 *(et)*. — 1003 l. *eschaalfaut*. —
1067 verdorben. — 1146 statt *puet* l. *puent* (für *pueent*). — 1195 ?
— 1433 *plusors feiz (il) le*. [1] — 1471 *qu'al tierz jor ont crestienté*. —
1483—4 l. *ëue : tolue*, vgl. 3096—7 *crëue : avenue*. — 1709 l. *de-*
*duieient* oder *deduiseient*. Ob der Dichter schon die sigmatische Form
gekannt hat, läfst sich aus Hs. A nicht entscheiden. — 2124 *(meis)*
*nequeden.* ? — 2635 *ai (je)*. — 2631 verdorben. — 2917 verdorben,
für *taura* lies *vaura?* — 2992 Entweder Kehrs Vorschlag (Thesen):
*Desqu'à un mostier fait arest, de seint Estiegne qui i est,* oder mit
Michel: *Desqu'endreit (o)u un mostier veit, de Seint Estiegne qu'i*
*est(eit) (qui* inkliniert wie 202). — 3000 ergänze *la* vor *tirout*. —
Eine Anzahl von verdorbenen Stellen, wie 1065—8. 1524. 1746.
2631. 2960 werden wohl blofs durch Vergleichung mit B und den
lat. Quellen des Dichters erhellt werden können.

2444—69 macht den Eindruck teilweiser Entlehnung aus an-
derer Vorlage.

Lücken finden sich nach folgenden Versen: 2751. 2870. 3170.
3531. 3711, endlich am Schlufs 3781. Sie beginnen also mit Schlufs
des zweiten Buches, v. 2469.

Bezüglich des Stils des Dichters kann ich auf Beaurepaires Ein-
leitung verweisen. Viele verworrene Konstruktionen dürften aus
dem Bestreben, den lateinischen Quellen möglichst genau zu folgen,
entstanden sein.

---

[1] Gachet, Glossaire Roman s. v. *chouser:* causari, desaprouver, blâ-
mer, gronder.

Im Anschluſs behandeln wir in

## § 5. Hiat und Elision.

Hiat zwischen betontem Wortauslaut und Wortanlaut ist häufig: so v. 9. 18. 27. 40. 43. 48 etc.

v. 81. *Astre* ist *Astré* (Asteriacum) cf. A. A. S. S. Boll. Sept. VIII, 77, col. I.

Tonloses *e* verstummt vor folgendem Vokal 15. 17. 31. 32. 56 etc. 647 ist *evesque* in *evesques* zu ändern. Ähnliche Fälle s. im vorigen Paragraphen.

Elision eines tonlosen *e* vor folgendem Vokal findet auch nach Muta c. Liq., mehrfacher anderer Konsonanz und mouill. n mehrsilbiger Wörter statt: 10. 62. 135. 220. 253. 256. 384. 601. 682 etc. Für *deable* 182 l. *deables*.

Nur scheinbare Ausnahme machen 423 (l. *semblout* oder *sembla)*, 899 (etwa *chamdelebres?)*, 1010 *(qu'ensemble od lui?)*, 1396 ergänze *et* zu Anfang des Verses; man vgl. 379 *ressemble* mit vor Vokal elidiertem *e; —* an hinter Muta c. Liq. gesprochenes *e*, wie Mall Computus 31 ff. und Böhmer, Rom. Stud. 12. Heft, p. 525 es für andere Fälle nachweisen, ist also nicht zu denken.

*Scheinbare Hiattilgung* durch *i* im Innern eines Wortes liegt vor in *desloient : donnoient* 2516—17, *chantoient : enluminoient* 2543. Diese Formen sind vereinzelt und wie gesoient 2530 wohl als franz. Eindringlinge anzusehen. Zweifelhaft ist *poiant* 3460 neben *poanz* 1758, *poant* 2263, auch *leiece* 2364 neben *lesce* 2891. 2184, zweifelhaft auch *soies* 3338 (suas) neben *soe* 3041, wenn man die sonstige Darstellung eines auslautenden tonlosen *e* (siehe unter a. 11) in Betracht zieht.

Andere Formen wie *poieit, traieit, seieit* etc. sind unter *ę* in offener Silbe besprochen.

Über *i* in *Paier* 18 s. u. III, 22. Über *i* in *loiez, oiez* s. I, *1* c und *ę* in offener Silbe.

Für *Hiattilgung durch Konsonanz*-Einschiebung finde ich blofs zwei Beispiele: *glaive* (gladium) 1655 (vgl. Diez' Wtbch. s. v. ghiado) und *seron* (secundum) 1085, vgl. dazu *r* N. 52.

Im allgemeinen ist zu bemerken:

Endung *-ion* ist stets zweisilbig, so in v. 41. 42. 912. 946. 953 etc.

Ebenso -*ious* (-ios) vgl. v. 49. — -*ient* 3192, die Imperfektendung -*ions* 3761—2 etc. -*ienté* ist dreisilbig 1464. 1471. 1681. Über -*ianus* s. u. I, 4.

## § 6. Deklination.

Im ganzen decken sich die Deklinationsverhältnisse mit denjenigen von Waces Werken. Ich kann mich daher auf die Abweichungen beschränken; eine vollständige Vergleichung ist indes nicht angestrebt worden. Nach der Silbenzahl und den Reimen zu schliefsen, wahrt der Dichter die Deklinationsregeln noch genau bei den Substantiven und Adjektiven, nicht bei den Eigennamen und den Participien des Präsens und Perfekts.

Der Abschreiber indes befolgt sie in zahlreichen Fällen nicht mehr. — Von den Verstöfsen im Reime, wo eines der Reimwörter oder beide Participia sind, gehen vermutlich folgende auf den Dichter zurück (wobei nach der Zählung Michels immer das zweite die Nummer trägt): 20. 190. 258. 262. 620. 648. 658. 718. 738. 1020. 1590. 1664. 1750. 1930. 2128. 2160 (dunkle Stelle). 2200. 2263. 2267. 2655. 2657. 2816. 2866. 3182. 3324. 3463. 3489. 3495. 3583. 3665. Zweifelhaft sind 2836. 2852 (die Fem. lat. III. Dekl. haben sonst nie *s* im Nom. Sing.).

In folgenden Versen liefsen sich die Verstöfse durch Hinzusetzung oder Weglassung des Flexionszeichens beseitigen:

Durch Hinzufügung von *z*: 258. 2585, mit Streichung des *t* 3218. 3465. Durch Streichung des *z* 830. 844. 1680. 2762. 3491. Dafür *t* 762. — 430 könnte durch die Einsetzung von *out* für *sunt*, 1508 durch Einsetzung des Sg. *toz li barnages serveit — qui ert sages* geholfen werden. — 2186 l. *com homme* (N. Pl.) für *comme huem*.

Zu 1606. 1640. 2291: Eigennamen brauchen nicht notwendig flektiert zu werden.

Verstöfse gegen die Flexion des Substantivums sind im Reim recht selten; ein Fall findet sich 3180, wo man *munz* erwarten würde.

Unter den Imparisyllabicis auf *r* erscheint *proveire* noch als Nom.-Form im Reim (: *eirre* iter) 122.

Die Feminina mit konsonant. Auslaut nehmen wie bei Wace noch kein Flexionszeichen an im Nom. Sing., ihre Flexion deckt sich also mit der der Fem. I. Deklination. Ich führe hier die durch die Reime gesicherten Belege an: *vertu* 298, *procession* 912. 957, *gent*

916. 1146. 1256. 1289 etc., *enferté* 1184, *honesté* 1769, *dolor* 2368, *clarté* 2851.

Im Einzelnen ist folgendes zu bemerken:

Die Form für *filium* ist stets mit dem Flexionszeichen versehen 1482. 2944. 3123.

Die Flexion von *Deus* ist korrumpiert in *dam le Deu* 262. 699. 1425 N. Sg. — *Dam le deu* 3378. 3662 Acc. Dagegen findet sich *Deus* allein und richtig 110, = *Dex* 2509, Acc. *Deu* 43.

Die Adjektiva ursprünglich zweier Endungen haben im Nom. Sing. im älteren Altfranzösischen kein Flexionszeichen, wenn sie auf Fem. bezogen sind, vgl. Suchier, Reimpredigt, Einleitung, G. Paris, Alexius 115. Dem entspricht in unserem Text z. B. *grant* 770 (gesichert durch *vielant), vgl. dazu 52. 101. 164. 481. 3569, aber *granz* 326. Aber auch die jüngere Form *grande* findet sich gesichert, durch den Reim 981, durch die Silbenzahl im Verse 1152, während hinwiederum *altretel* 2072 die ältere Form zeigt.

Der Regel widerspricht *mortels* 1658 (zu obl. Pl. *anz continuels).* Ein Produkt der jüngeren Zeit ist der Nom. Sing. m. *graignors* v. 1291, vgl. Lebinski: Die Deklination der Substantiva in der langue d'oïl, Posen 1878, p. 36, sub 4. — Fem. *graignor* 1346 ist durch die Silbenzahl im Verse gesichert.

In impersoneller Konstruktion nimmt das Substantiv kein Flexionszeichen an: 868. 2024. 2104, *il fut mestier* 936, *quanque mestier li estera* 2012. So noch 999. 1581.

Ebenso in: *il m'est pris talent* 2505, *a la dame prist volenté* 2987, vgl. noch 2675. 2998. 3552. 3542.

Bezüglich der Pronomina ist nicht viel zu bemerken:

Das konjunktive Possessivpronomen *mis, tis, sis* für meus, teus*, seus* findet sich auch in unserem Texte, wie bei Estienne de Fougères, vgl. Kehr p. 6, Wace, Rom. de Rou, vgl. Andresen, Teil III, 568 seiner Ausgabe *(ses* etc. hier selten), endlich „immer" in den von Görlich untersuchten Dialekten des Südwestens der langue d'oïl p. 107 (N. 136).

Die Formen mit *i* stehen im Sing., der Acc. Plural kennt nur die mit *e:*

Nom. Sing. *mis* 2218. Pl. Nom. *mi* 2213.

Von der zweiten Person ist nur der Acc. Plur. *tes* zu belegen 306.

*sis* Nom. Sing. 700. 1458. 154. 1568. 1572. 1600. 1634. 1874 etc.
*si* 1454. *seis* 1184. *sies* 2380.
Pl. Nom. nur *si* 283. 329. 1215. — Obl. *ses* 227. 275. 1612.
1645. 1793. 2412 etc. *seis* 195.

## § 7. Konjugation.

Von bemerkenswerten Formen des Verbums verzeichne ich die
specifisch norm. Konjunktive, gebildet, mit -iam etc. *augiez* 1896.
*algent* 306. 1881. 3078. 3409. 3544. Im Singular ist dagegen für
*aut* 3464 von *alet**\* auszugehen; vgl. den Reim in Waces Brut *alt :
calt* bei Bartsch, Chrestom. 117, 10.

*quierge* 387. *deviengent* 1879. *viengent* 2029. *jëungent* 3260.
*teigent* 1059 (für *tiengent*).

In der 1. Konj. sind die regelrecht gebildeten Konjunktive das
Gewöhnliche in unserem Text, Bel. s. man unter *t* im Auslaut. So,
um nur einen Beleg anzuführen, *dunt* (donet) 16 *(: munt)*, · nicht
*donge*, wie im Livre des Man. 359.

Erwähnenswert sind auch die kontrahierten Formen des Fu-
turums: *merra* (= *menera*) 1041. *leirei* (= *laisserai*) 2551. *morrei
(mourirai)*. Wohl blofs graphisch ist die Verdoppelung in *dirrai* 420.
1154 (neben *dirai* 3688). *disrom (sr = rr)* 2210. — *orrunt* (Fut. v.
*oïr)* 3508. 3512. *recrerrunt* 3667.

---

# A. Vokalismus.

## I. A.

### 1. Der aus betontem a in offener Silbe

entstandene Laut wird mit *e, ei* und *ie* bezeichnet. — *e* überwiegt
numerisch bei weitem gegenüber *ei; ie* ist vereinzelte Schreibung und
nicht Produkt seiner Umgebung. — In der Setzung von *e* und *ei* ist
keine Konsequenz ersichtlich.

Über *ie* entstanden nach dem Bartschschen Gesetze siehe Nr. 2.

Belege: a) ę: *assex* 657. *reguler* 1786. *pre* 2394. *cler* 2682. *mer*
2767. 3654. *blez* 3797.

*celer : manifester* 46. *aler* 57.

*peres* (patrem) 1540. 2380. 2950. 2955. *mere* 2618. *frere* 1755. 2439. *donnereis* (donator) 2361. *lerres* 239.

*honesté* 3031.

*trové* 20. *apelé* 174. *fundée* 3. *tornée* 11.

*asemblerent* 2020. *retornerent* 3329.

*levez* 2661 (levatis).

b) e i : *meir* 57. 444. *peir* 443. *leiz* 63. *apeirt* 318. *asseiz* 64. *cleis* 1899.

*nommeir* 474. *apresteir : alumeir* 880.

*peire* (patrem) 1275. 1280. 1568. *meirres* 2100. *freire* 3081. *crestientei* 2409. *poestei* 2428.

*asenblei : contei* 214. *leveiz : monteiz* 366. *jorneies : contreies* 712. *dessevreirent : demandeirent* 526. *peneirent* 3330.

*escolteiz* (Präs. 2 Pl.) 1019.

c) i e : *piert* 196.

*pierres* (patrem) 2099; besonders hinter Vokal:

*eié* (ætatem) 2245. 2260. *aié* (id) 2248. — *oiez* (auditis) 2316. 2773. 3685. 3529. *loiez* (laudatis) 3363. Bez. der Erklärung dieser Formen s. u. — *creiez* (credatis* für credetis) 2503 (: *feiz*, vicem). Vgl. *aveiz : fundez* (fundatus*) 3173.

Anm. *ie* in *haliegre* (= klass.-lat. alacrem) 3642. 3676 ist nach Prof. Gröber, Wölfflins Archiv I, 204 ff., als aus -ę-* entstanden aufzufassen: *aięcer* vglat.

Im Reime stehen diese *e : ei* (beide = lat. *a*) 58. 1864. 2767. 3427. *-éie : -ée* 3098 etc.

*-e (-ei)* aus *a* reimt zudem:

1) Mit *e* aus urspr. ę in offener Silbe: *eié : De* (Deum) 2245. — *entré : De* 2332. — *asenblerent : erent* (erant) 2020. — *demandeirent : ierent* (= eirent) 586.

2) Mit *é* in lat. Imperat. 2. Plur.: (*finé* v. *finer*\*) : *ite* 1095. (*plenté*) : *attolite* 820.

Reime mit *ei* oder *e* anderer Provenienz fehlen, mit Ausnahme jenes *creiez : feiz* 2503, wofür wohl *crereiz : feiz* einzusetzen ist.

## 2.  *a* wird nach dem Bartschschen Gesetz zu *ie*:

*junchier* 334. 970. *fichierent : atachierent* 867. *michiels* 163. 1039. 2230. *baissiez : laissiez* 2088 etc.

Einmal blofs findet sich hinter *i ei* geschrieben: *dedieiz* (: *piez*) 681.

Ve r s t ö ſ s e finden sich 1) bei Eigennamen (doch s. u.): *Torignié* : *trové* 19. *Lagné* : *ale* 548. *Hochingnié* : *donné* 2397. *Mugé* : *fundé* 3401.

2) Durch Schreibfehler: 199 *demoreir* statt *demorier* (umgekehrt *detirier* 3031 statt *detirer*, *estorier* 3168 st. *estorer*). *conge* 1817 st. *congie.* — Hierher rechne ich auch vereinzeltes *-ie* = *-iee* : *croixies* : *colchies* 1232. *plungie* 839. Andere Verstöſse gegen das Bartschsche Gesetz sind zum Teil schon oben genannt (u. *1, c*). Ich fasse sie hier, da sie im Zusammenhang mit unter *ę* in offener Silbe erscheinenden Schreibungen eine Erklärung finden sollen, blofs noch kurz zusammen:

(*volez*) : *poiez* 1989. 1895 (= *poez* (2. Pl. Präs.). — (*abé*) : *greie* 2092 (gratatum\*). — (*trovee*) : *esbaiee* 2647 (vgl. ital. badare). — (*entree*) : *veiee* (vetata\*) 3090. — *oiez* (audatis\* = auditis) (: *fermez* etc.) 2316. 2773. 3687. 3530. — *loiez* (laudatis) (: *delivrez*) 3364.

Hinzuzufügen ist 2057 *graé* : *volenté* und 1082 *graée* : *mostree,* um den Wert des *ei* in *greié* zu bemessen.

Ein *i* ist in allen diesen Fällen etymologisch nicht begründet.

### 3. *a* vor *l*

erscheint nur als *e*, nicht als *ei:*

*continuels* : *mortels* 1658. *altretel* : *mestrealtel* 2072. 3561. *charnel* 3081.

Einmal *ai: reail* (wofür andere Texte *reial*) 2277.

*a* in Lehnwörtern: *criminal* 3087. *esperital* 3358. 3361.

W e l c h e n L a u t h a t u n s e r Dichter für gemeinfrz. *e* = *a* in låt. off. Silbe gesprochen? *e* oder *ei*? Es sind darüber schon verschiedene Ansichten geäuſsert worden:

Förster in Dialogue Gregoire lo pape pag. IX konstatiert das Vorhandensein des *ęi* = *a* in der südwestlichen Normandie durch die Schreibungen unseres Romans und setzt es in Parallele mit burg.-lothr.-pik. *ei* = *a*. Neumann, Zur altfrz. Laut- und Flexionslehre p. 19, sowie Kehr p. 8 seiner Diss. neigen sich zur Annahme, daſs *ei* blofs Schreibung für *ė*, somit mit pik.-lothr.-burg. *ei* = *a* nicht identisch sei. Aber beide gehen auf eine ausführlichere Beweisführung nicht ein. Andere Ansichten über dieselbe Frage sind mir nicht bekannt geworden.

Aus den Belegen zu *1.* geht hervor:

1) Aus Schreibung *ei* = *a* ist bei dem numerischen Überwiegen des *e* = *a* und der graphischen Gleichstellung von *e* und *ei* im Reime kein Beweis für die Existenz des ersteren in der Sprache des Dichters zu ziehen. — Wir sind somit 2) auf beweisende Reime angewiesen. Die Reime des *e* = *a* zu *e* in *De* (Deum) und *erent* sind nicht absolut für *e* und gegen *ei* beweisend, da in denjenigen Dialekten, die *ei* für *a* aufweisen, auch *eirt*, *eirent* auftritt, z. B. im Pik. (vgl. Neumann a. a. O.). Aber für *ert* wenigstens kann in unserem Dokument der direkte Beweis erbracht werden, dafs es nicht *eirt* lautete, denn es reimt zu *ę* in ged. Silbe: *autbert* 153. 177, und dieses zu *cert* und *covert*, cf. *ę* ged. Es liegt aber kein Grund vor, in *erent* eine andere Entwickelung des Ton-*ę* anzunehmen als in *ert*, ebenso nicht in *De*, somit wird die Schreibung *De* (*Dei* erscheint zudem nie) sich mit der Aussprache des Dichters decken, mithin *ei* = *a* blofse Schreibung sein.

Denselben Schlufs dürfen wir wohl aus den Reimen von urspr. Ton-*a* zu den Imperativen 2. Plur. (: *ite, attollite*) ziehen.

In Betracht kommen nunmehr die unter *2.* genannten eigentlichen Verstöfse gegen das Bartschsche Gesetz: *Torigne* : *trové* etc.

Als Licenz des Dichters oder als willkürliche Änderungen der Vorlage von seiten eines Abschreibers diese Fälle aufzufassen, befriedigt recht wenig. Letzteres liegt näher als ersteres, da Hs. B für *trove* v. 20 *alignie* aufweist und somit grammatisch richtigen Reim herstellt. (Ob sie es auch in den anderen Fällen thut, vermag ich nicht zu sagen, da mir vollständige Kollation fehlt.)

Die Endungen von *Torignié, Hochingnié, Lagné* gehen auf das Suffix *-iacum* zurück. (Die Etymologie von *Muge* ist mir unbekannt, es ist Appulien gemeint, speciell die Gegend, in der der Mons Garganus liegt.)

Betreffs Etymologie dieser Ortsnamen s. Quicherat, Formation Française des anciens noms de lieu p. 34 ff., und über deren Gestaltung speciell bei Wace: Nicol in der Academy vom 27. März 1880; vgl. endlich Mém. XIII, 276 (Herleitung von kelt. *gnac*, Wohnung am Wasser bedeutend).

In älteren und zeitgenössischen lateinischen Schriftstücken der westlichen Normandie finden wir sie auf *-eio, -io* auslautend: so in denjenigen publiziert in: Delisle, Chronique de Robert de Torigni

*Torimeio* I, 284 (Hs. I und F *Torigneio*); beide Schreibungen noch II, 227 (-*igneio*). I, 254. 286 (-*inneio*).

Anm. An den beiden erstgenannten Stellen haben wir es mit auf besonderes Geheiſs von Robert de Torigni ausgeführten Schriftstücken zu thun.

*Hochigny* : *Uchinneio* II, 301.

Über *La(i)gné* = *Latiniacum** cf. Delisle a. a. O. I, 346.

Auſserhalb des Reims findet sich in unserem Text noch *Astré* 81 (Asteriacum*).

Quicherat l. c. 41 bemerkt, daſs die Schreibung -*cium* (-*aium*), -*ium* in lat. Dokumenten des 12. Jahrh. eine bloſse Nachbildung der betreffenden französischen Endung mit Anhängung des lat. Kasussuffixes sei. Dann aber haben Robert de Torigni und seine Mönche *Torinnei* (resp. -*ign*-) oder *Torinné* (-*ign*-) gesprochen und nicht *Torigni*. Dies bestätigen auch unsere beiden Hss. für Guill. de Saint-Paier. — Wace kennt vielleicht die Form (-*iacum* =) -*ie* nach Roman de Rou 1571 *Toeni* : *mi* (nedium), Hss B, C *Toenie* : *nie* und *enmie* : *Toirie* 3915. (Zu *Toeni* vgl. Guill. de Iumièges VIII, 15: *Toeneio*, und Delisle a. a. O. I, 204. 205. Zu *Toirie* Andresen, Anm. zum Rom. de Rou.) Benoit v. Sainte-More, Chronique des ducs de Normandie, reimt *Toeni* : *oï* (audivit) 28330. : *pri* (preco) 35479. : *li* (lego) 35586.

Die beiden Dichter weichen also darin von Guill. de Saint-Paier ab, daſs sie Ortsnamen auf -*iacum* nicht zu *e* aus *a* oder *ié* aus *a*, nach dem Bartschschen Gesetze, sondern zu *i* (resp. *ie*) aus *ę + i* und *i* aus *ī* reimen lassen. — Aber die Hauptschwierigkeit liegt nicht in den vokalischen Verhältnissen, nicht in -*é* resp. *ié* aus -*iacum*, sondern darin, daſs sich notwendig ein mouilliertes *n* vor folgendem Hiat-*i* einstellen und dies ein *ié* = *a* nach Bartschschem Gesetze hervorrufen muſste. Wollen wir also die Reime wie sie sind gelten lassen, so dürfte der letzte Ausweg bloſs die Annahme sein, der Dichter habe die latinisierten Ortsnamen im Auge gehabt und somit *Torinne* etc. geschrieben. — Eine Stütze gewänne diese Annahme durch die Geschichte der Entstehung unseres Werkes (siehe Beaurepaire, Einleitung zu Michels Ausg.).

Da indessen anomale Behandlung des Etymons oder Verstoſs gegen die Reimgesetze oder verderbte Überlieferung angenommen werden kann, so dürfen diese Ortsnamen nicht zur Bestimmung

des aus einfachem lateinischen *a* entstandenen e-Lautes beigezogen
werden.

Aber für *ei* = *a* spricht folgendes:

1) Hs. B kennt es ebenfalls, so v. 444 : *peir* (: mer), 63—64
*leiz* : *asseiz*. Da Hs. B nicht direkt auf A zurückgehen kann,[1]
scheint dies von Gewicht zu sein.

2) *ei* = *a* findet sich auch in anderen Texten aus der west-
lichen Normandie:

Sehr häufig in der vie des Thomas Helie de Biville (ed. von
Pontaumont, Cherbourg 1868. Der Text ist jedoch sehr verstümmelt
und nur in einer Abschrift aus dem 17. Jahrh. erhalten. Th. Helie
starb 1257, die lat. Vita sowie deren metrische französ. Übersetzung
wurden offenbar bald nachher abgefaßt. — Biville Dorf in der
Hague): 62 *ei* = *a* gegen 29 *e* (*ee*) = *a* im Reime, und 23 *ei* = *a*
gegen 30 *e* (*ee*) = *a* außerhalb desselben. v. 465 und 947 findet
sich *Dei* (= obl. von Deus) : *recordei* (Part. Perf.). Man könnte
geneigt sein, darin einfach den lat. Gen. sehen zu wollen; allein es
ist doch wohl bloß zufälliges Zusammentreffen von lat. Satzkon-
struktion mit Schreibung Dei anzunehmen, somit dem Dei keine
eigentliche Beweiskraft beizulegen.

Joret, Mém. de la soc. de ling. V, 65, faßt *ei* in diesem Denk-
mal als *ę*, indem er die Schreibung *e* = *a* dagegen geltend macht, und
stützt sich dabei auf Havet, Rom. VI, 325: „Der heutige breite
*ę*-Laut (für *a*) sei im 16. Jahrh. auf Guérnesey mit *ei*, *ey* bezeichnet
worden."

Gegen Jorets Beweis scheint es nötig, zu bemerken, daß da,
wo Schreibung *e* = *a* neben *ei* = *a* auftritt, nicht ohne weiteres
angenommen werden darf, *ei* = *a* bedeute bloß *e*, denn wie *oi* = *ę*
z. B. im 13. Jahrh. in der Normandie in Urkunden allbekannt und
im Gebrauch war, so auch centralfranzös. *e* = *a*, und somit könnte
jenes *e* = *a* neben *ei* sehr wohl nur dieses centralfrz. sein; und
ebenso wenig wie in einem größeren normannischen Schriftstück des
13. Jahrh. *oi* — *ę* als Schreibung ganz fehlt, wird auch jenes *e* = *a*
fehlen. Allein auch innerhalb des Norm. ist ja *e* = *a* das Gewöhnliche,
*ei* = *a* das Seltene, mithin die Annahme, daß Abschreiber das erstere
setzten, wo nur letzteres am Platze war, jedenfalls keine zu gewagte.

---

[1] Vgl. Einleitung.

*ei* findet sich vereinzelt in Hs. C des Roman de Rou: *peil* (palum) 3461. 5049 (gegen *pel* A, B, D). 7727. *guei* 3858 (*gue̦* A). — Auch ein anderes Stück der Hs. A des Brit. Mus., das an letzter Stelle stehende Fabliau de Jouglet (pbl. von Montaiglon u. Raynaud, Fabliaux, Paris 1880, p. 112, der Text nach der Pariser Hs., die Varianten unserer Hs. p. 262 ff.) bietet. *ei* = *a*, doch vereinzelt: *seit* ( = *sapit*) 132. *freire* 180. 261. 382. (In den anderen Stücken, soweit sie publiziert sind, habe ich es nicht gefunden.)

.    Unter den von Delisle Bd. XVI der Mém. veröffentlichten amtlichen Schriftstücken der Normandie findet sich ein einziges mit *ei* (geschr. *ey*) = *a*:

Eine Verfügung des Bailli des Cotentin (in Coutances) a. a. O. p. 199, Nr. 852 vom Jahre 1315 (Verfügung des Königs von 1275): *exposey, trouvey, rapportey* neben *retournees, reservé*.

Einem anderen Schriftstücke derselben Baillie von 1275, publ. in Bibl. de l'école des Chartes Serie II, Bd. I, 191 fehlt *ei* = *a*.

Ein Brief von Jersey vom 6. Juni 1324, publ. von Havet-in den Bibl. de l'école des Chartes 1876, p. 229, weist an Belegen auf: *saveix, abey, empetreir, apeley, priourey,* neben *haster, amener, tel, enformé, abe.* (Entsprechend zwei Formen für *e̦* in off. Silbe: *moys, quoy, roy, manoyr, droyt* etc. und *vaer* [vider̦e].)

In wenigen Wörtern tritt *ei* = *a* auch bei Estienne de Fougères auf, vgl. darüber Kehr, Diss. p. 7. — Benoit von Sainte-More kennt es nicht.

Unterstützen die modernen Mundarten der südwestlichen Normandie die Annahme, dafs dieses *ei* = *a* alt und in der That gesprochen worden sei?

Die beiden Gelehrten, die sich mit dieser Frage beschäftigten, J o r e t, Mém. de la soc. de ling. V, 60 ff., und F l e u r y, ib. 293, sind darüber nicht einig geworden.

Joret sieht heutiges *aïe* (Fleury bezeichnet dasselbe mit *aĕ* [„*ĕ enclitique*"]) im Norden des Cotentin, Hague, Guernesey für altes *ei* (resp. *e*) = *a* als modernes Produkt aus *e̦* an.

Fleury sagt p. 170 ungenau: „*Le latin a fourni l'a et les Haguais l'ont conservé*"; und bleibt eine Erklärung des „*ĕ enclitique*" schuldig.

Im Süden des Cotentin und auf Jersey wurde *a* zu *ê* (breit offen). Fleury fand aufserdem im Südwesten der Hague „*sur les bords de l'Océan*" (!) dafür *ei*.

Über die Aussprache des aus *a* erwachsenen Lautes im Avranchin habe ich nichts erfahren können; die beiden genannten Gelehrten geben darüber keine Auskunft. — Da wir jedoch für das 13. Jahrh. Schreibung *ei* = *a* auf der ganzen Linie von Cherbourg bis Rennes nachgewiesen haben, so wird die Entstehung dieses *ei*, sei es nun blofs Schreibung oder bedeute es wirklich gesprochenen Diphthongen, von e i n e m Gesichtspunkte aus beurteilt, und werden von einer oder mehreren neueren Mundarten auf dieser Linie gebotene Argumente für das Ganze herangezogen werden dürfen.

Wir legen daher unserer Untersuchung die Forschungen Jorets und Fleurys, die sich auf die heute im C o t e n t i n gesprochenen Laute für urspr. a in offener Silbe erstrecken, zu Grunde.

Joret (Soc. d. ling. V, 61) nimmt zwischen *a* und den heutigen Formen folgende Mittelstufen an:

$$a, \; a^e, \; \acute{e} \text{ od. } \grave{e} \; (:) \; \hat{e}, \; ai \; (= \ddot{a}ie, \; a\breve{e}),$$

giebt aber im Folgenden auch die Möglichkeit einer Mittelstufe *ê* oder *ei* zu; um die genaue Ermittelung einer solchen ist es ihm nicht zu thun, weil er blofs zu erweisen sucht, dafs *a*, um zu jenem *äie (ae)* zu gelangen, durch einen *e*-Laut gegangen sein müsse.

Dem verschlungenen Pfade der Joretschen Beweisführung zu folgen, kann hier nicht unsere Aufgabe sein; es mufs genügen, zu bemerken, dafs wir uns nicht im Gegensatze zu seinen Ansichten befinden. Aber die eigentliche Form der Mittelstufe bedarf einer näheren Untersuchung.

An und für sich ist es wahrscheinlicher, dafs heutigem *aie (aĕ)* des nördlichen Cotentin und Guernesey ein früheres *ei*, nicht *ê* zu Grunde liegt. Können wir dieses *ei* zudem in früheren Perioden belegen (wie es oben geschehen ist), so scheint diese Übergangsstufe gefunden zu sein, und ein Auftreten von *e* daneben könnte (wie ebenfalls oben gezeigt wurde) uns noch nicht zwingen, darin blofs eine Schreibung zu sehen.

Nun spricht aber (aufser dem durch die Reime oben erwiesenen) gegen *ei* und für *e* folgendes:

1) Schreibung *ei* für *ę* und *ẹ* in geschlossener Silbe (s. u.), in denselben Texten, in denen *ei* = *a* sich findet.

2) Altes norm. *ei* = lat. *ę* in offener Silbe ist bei Benoit schon (im 12. Jahrh.) zu *ę* geworden (cfr. Stock, Rom. Stud. Bd. III, 446); im 13. Jahrh. allgemein in der Normandie. Die Bezeichnung mit *ei*

ist somit gegenstandslos geworden und konnte für jeden $\varrho$-Laut eintreten. Also auch für $e$ aus $a$; und dieses mufs in der westlichen Normandie stets offen gewesen sein, wie heute noch im mittleren Cotentin, denn es liegt kein Grund vor, eine Rückbildung vom geschlossenen zum offenen Laute anzunehmen, also $a$ durch $\varrho$ : $\varrho$ zu $\varrho$.

Die unter 1 und 2 angeführten Erscheinungen verbieten aber auch auf Schreibung $ei = a$ grofses Gewicht zu legen und heben umgekehrt nunmehr die Schreibung $e = a$ in denselben norm. Denkmälern als bedeutsam hervor; aber nur in diesem Zusammenhang; jenes $e$ bezeichnet nunmehr einfach den $\varrho$-Laut.

Die Schreibung $ie$ für $a$ in *piert* 196. *pierres* 2099 mufs (wie $ei$ für $a$ mit $ei = \varrho$) mit $ie = \varrho$ in offener Silbe zusammenhängen. Siehe darüber $\varrho$ in offener Silbe.

Für das nach dem Bartschschen Gesetz für $a$ entstandene $ie$ tritt nur einmal -$ei$ auf: *dedi eiz* (dedicatus), s. o. *piez* (pedes) 682. Hs. B hat *dedi ez*.

$ie = iee$ reimt nur mit sich in *croixies* : *colchies* 1232. *plungie* 839 hat, wie schon bemerkt, mit dem pik.-ostfranz. -*ie* nichts zu thun und findet sich auch in anderen normannischen Hss. nicht selten, so Str. 319 des Livre des manières; Roman de Rou Hs. C: III (Andresen), v. 651 *preisie*, 1219 *cogniez;* alle Hss.: 1324 *preisie*, 1387 *es chaucie;* C 1843 *marie*, 2620 *chevalchie* etc. — Ein -$e$ wird auch häufig in den Imperfektformen der II. und III. Konjugation (besonders in unserem Text) ausgelassen; aber dies hat mit der Sprache der Dichter nichts zu thun. —

Die heutigen Mundarten der westlichen Normandie (vgl. Fleury a. a. O. 295 und Joret ib. 62. 63) weisen für altes $i\acute{e}$: $i\ddot{e}$ und $i$ auf, indem sie der Analogiewirkung (vgl. nur Particip *trouvi*) so viel Einflufs verstatteten, dafs es schwer wird, die lautgesetzliche Entwickelung noch zu erkennen. — Es wird daher kaum angehen, aus den modernen Formen einen Schlufs auf die Lautung des $e$ in altem -$ie$ zu ziehen. — Es genüge hier, darauf hinzuweisen, dafs $ie = a$ nur mit sich und dem aus $\varrho$ in offener Silbe entstandenen $ie$ von Guill. de Saint-Paier im Reime gebunden wird, nicht aber mit $ie$ aus $\varrho + i$.

## 4. *a vor n.*

a) Vor einfachem $n$ und

$\alpha$) im weiblichen Wortausgang: *humeine* (: *areigne* =

*arena*) 428. *humaine* (: *peine*) 3348. *pleine* (: *areine*) 450. 932. *seine*
(: *areine*) 3642.

β) Im männlichen Wortausgang: *villain* : *vain* 290.
*chapelain* : *main* 1826. 2158. *maint* : *plaint* 1612. *plains* (: *serains*) 724.
Zu *romieus* 17 ist zu bemerken: Michel übersetzt es fälschlich mit
„*pélerins*". Richtig faſst es Beaurepaire als „*romanos*" und *par
veirs* (*versus*) *romieus* = *romiens* (wie die Pirchsche Abschrift der
Hs. A in Avranches liest) = *romeins* (*ie* wie in *sient* 1032 statt *ei*).

b) a + n + Gutt.:

*seint* : *maint* 1348. *seint* 65. 545 etc. *sient* 1032. vortonig:
*seintuaire* 685. 703. *seintefiee* 839. *seintiz* 2486.

Kehr, § 11 seiner Dissertation, sucht zu erweisen, daſs im Livre
des manières und im Rom. du M. St.-M. $\left.\begin{array}{c}\bar{e}\\\tilde{i}\end{array}\right\}$ + *Nas.* nicht wie bei
Benoit von Sainte-More *en*, sondern — da einerseits *ai* vor *n* nach
Lücking, Altfrz. Mundarten p. 119 später zu *ei, ę* geworden sei, als
vor anderen Konsonanten, andererseits aber vor *r* im Livre des
manières und im M. St.-M. *ai* noch erhalten sei, also *ai* vor *n* noch
rein sei — *ain* ergeben habe, weil es eben mit diesem reinen *ain*
reime.

Kehr will darin einen dialektischen Zug, den unsere Texte mit
denjenigen der Ile de France gegen Benoit v. Sainte-More (und ich
füge hinzu: Wace) gemein hätten, sehen.

Aber Kehr hat 1) Lückings Beweisführung recht einseitig be-
nutzt, ohne sich an das, was derselbe Gelehrte p. 111 sagt, zu kehren,
wonach der Übergang von *ein* (aus $\left.\begin{array}{c}\bar{e}\\\tilde{i}\end{array}\right\}$ + *Nas.*) : *ain* parallel gehe
mit dem von *en* : *an*, und (p. 126) daſs entweder *en* und *ein* noch
bestünden oder *en* : *an*, *ein* : *ain* übergegangen seien. § 10 hatte
aber Kehr die scharfe Trennung von *en* und *an* in unseren Texten
festgestellt; somit fände jene Lückingsche Parallele hier nicht statt.
Doch zugegeben, daſs sie nicht notwendig eintreten müsse (was ich
hier nicht zu untersuchen habe), so findet sich doch auch der Gegen-
beweis in Kehrs Text selbst:

2) Für *redimere* steht Str. 54a des Livre des manières *raindre*
(= *raeindre*) und reimt Str. 111 (von Kehr nicht aufgeführt) ge-
schrieben *raiendre* mit *defendre, rendre, prendre*.

Vergleichen wir Str. 54: *raindre* : *plaindre* : *remeindre* : *ateindre*.

so folgt aus beiden: $ain = ęin = ęn$ (zu $ęn : ęn + C$. und $ęn + C$. sind schon zusammengefallen nach Str. 36. 150. 164. 185).

3) Wo *ein* zu *ain* übergeht, pflegt auch die Schreibung in vielen Fällen zu folgen; und dieser Übergang dehnt sich auch auf *eñ* und *eil* aus, vgl. Metzke, „Der Dialekt von Ile de France im 13. und 14. Jahrh." in Herrigs Archiv LXV, 60 ff. Davon ist freilich in unseren Texten nicht die Rede.

Es sei mir gestattet, hierselbst Kehrs Beweisführung für erhaltenen Diphthong *ai* vor *r* (§ 11) einer näheren Betrachtung zu unterziehen.

Vor mehrfacher Konsonanz, ferner vor *t* und *s* [1] ist *ai* nach den Reimen zu *ę* geworden; vor *s* vielleicht noch *ei*. *ai* vor *r* reimt mit sich selbst Str. 6. 64. 92. 154. 189. 212. 314; und das mag auf der Leichtigkeit, solche Reime zu finden, beruhen, und auf dem Umstand, daſs der Dichter wo möglich r e i c h reimt (wobei er aber doch nie den Inhalt der Form opfert) — was Kehr § 4 total verkannt hat —, und wo es irgend angeht, Reime fürs Auge herstellt. In den angeführten 7 Strophen mit 28 Versen findet sich zudem in 21 Fällen -ei-, in 6 *ai*, in 1 -e- geschrieben; der Abschreiber sprach offenbar *e*, aber wem gehören denn jene -ei- an? Sollen es etwa umgekehrte Schreibungen sein?

Es ist auch kein Grund abzusehen, warum *ai* vor *r* länger sich erhalten haben sollte als vor *t* oder *s*. Aus diesem unerwiesenen erhaltenen *ai* vor *r*. vollends Schlüsse auf *ai vor Nas.* und weiterhin *ei Nas.* zu ziehen, erscheint nach dem Ausgeführten als durchaus unstatthaft.

Von jenem Gegensatz Estiennes de Fougères zu Benoit kann also keine Rede sein; im besten Falle steht jener noch auf einer etwas älteren Stufe, d. h. er kennt vielleicht *ei* für *ai* noch. So wird auch im M. St.-M. *ain* im Übergang zu *ein* begriffen sein, wenn es sich auch für männl. Ausgang nicht erweisen läſst. Das einzige *serains* 724 kann nicht den Übergang von *ein* zu *ain* als allgemein eingetreten erweisen. Stufe *ęn* ist in unserem Denkmal wohl noch nicht erreicht.

---

[1] Vor einfacher Sibilans finden sich sogar *ai* und *ęi* gleichgestellt in Str. 317 (von Kehr übersehen): *malveise : pleşse* (placeat) : *peise* ($p\bar{e}sat*$) : *eisse* (*ansea**, *asea**, vgl. Prof. Gröber u. a. O.); vergleicht man Str. 251, so ergiebt sich: vor *s* reimen urspr. $a + i$, $ę$ (+ $i$), $ę + i$.

Im Übergang zu $e$ ist wohl auch das aus $a + n + Gutt. +$
*Kons.* entwickelte *-ain Kons.* begriffen. — *sient* (= *saint*) 1032 wird
wie sonst *ie* = *a*, *ie* = $e$ zu beurteilen sein.

### 5. *I-Element* + $á$ + *n*.

*simphoriein* (: *bien*) 68. *maien* (*medianus\**) : *deraien* (*deretrianus\**)
858. *crestiens* (: *biens*) 1496. *chien* (: *bien*) 2977. *ancieins* (: *pens*) 3753.
·Der Sprache des Kopisten gehört an das aufserhalb des Reimes
stehende *lians* (*ligamen*) 3652.

Zu dem an letzter Stelle genannten Reimpaar vgl. Benoit, Chro-
nique des ducs de Normandie (Ed. Michel) I, 775 *crestiens : pens*
(Settegast, Benoit v. Sainte-More p. 28). — *iens* ist hier wie dort
zweisilbig und kann (mit Stork, Rom. Stud. III, 467) nur *i-en*, nicht
*iien* bedeuten; umgekehrt mufs *Simphoriein* 67 als *Simphori-ien*,
1495 *crestiens* als *cresti-iens* gefafst werden, denn sie sind vier- resp.
dreisilbig gemessen. Ein dem *ancieins : pens* ähnlicher Reim fehlt
im Livre des manières; Kehr hat aber dieses Zusammengehen von
Benoit und Guillaume de Saint-Paier nicht erwähnt.

· Schreibung *-ieins* ist beachtenswert, weil sie einen neuen Beleg
liefert für die Bezeichnung eines offenen *e* durch *ei* durch unseren
Schreiber. ·

· · *ai* steht statt *ei* in *maien* : *deraien,* vgl. Livre d. Man. Str. 59. 242.

A n m. Kehr behauptet p. 48 merkwürdigerweise, *-ien* finde sich
nie bei Benoit und Guill. de Saint-Paier.

### 6. *Labialisiertes betontes a.*

Die hier in Betracht kommenden Fälle (vgl. dazu Neumann,
R. Zs. VIII, 370: Benachbartes $\underset{\sim}{u}$ trübt im Centralfranzös. [Norm.
inbegriffen] den Wurzelvokal, vgl. auch Suchier, R. Zs. II, 255)
bieten, verglichen mit dem von Andresen in s$_{ei}$n$_{er}$ Ausgabe des
Roman 'de Rou für Wace-Festgestellten, nichts Neues. Einige ab-
weichende Schreibungen und wenige centralfranzös. Formen sind auf
den Schreiber zurückzuführen.

a) 3. Pers. Sg. Perf. Ind. von habere, sapére\*, plá-
cere\*. *out* 43. 1693. 1789 etc. — *sout* 331. 1719. 1789. — *plout*
44. 494. 2167. *desplout* .1720.

Untereinander häufig (z. B. 1781) stehen sie noch im Reime
zu *-out* (abat). Ferner zu *-out* aus $e + t + u$ : *sout : pout*

(*potuit*) 2717. — -*out* aus $\varrho$ + *l* + *Konsonanz: vout : out* 3014.

Von analogischen Neubildungen (vgl. Neumann a. a. O. 373) findet sich neben *ourent* 3750. 3558. 3568 und *sourent* 1777 nur einmal *orent* 3758. Doch läfst sich diese Form nicht für den Dichter erweisen.

b) 3. Pers. Plur. Präs. Ind. u. Fut. von vadere, habere, facere. Zu ihrer Erklärung vgl. Neumann a. a. O. 395 (doch auch Meyer, R. Zs. IX, 144).

Bezeichnet wird der hier als Tonvokal erscheinende Laut, mit u, o, ou, welche wohl nasales o ausdrücken sollen.

*u* in *unt* 2. 615. 616. 2297. 2312. 2313.

*o* in *ont* 694. 1137.

Fünfmal, aufserhalb des Reimes, nur in *ont* erscheint *ou: ount* 538. 557. 565. 583. 1779 (= unt). *vunt* 328. 693. 767. 775. *funt* 816. 1184. 1199. 1419.

Sie reimen 1) unter sich; 2) zu *sunt;* 3) zu urspr. $\varrho$ + *n* + *Kons.: ont : mont* 1138. 1840. 2008. *vunt : mont* 328. 1288; 4) zu urspr. $\varrho$ + *n* + *Kons.: dont : ont* 660; natürlich auch 5) mit der Endung der 3. Pers. Pl. Fut. I, z. B. 2475.

*serunt : tendrunt* 1058. *recevrunt : iront* 2070. Vgl. noch 2764. 3415.

c) Die Endung der 1. Pers. Pl. -*ons,* -*um* etc.

*α*) *amons : preisons* 688. *donrons* 1044. *dions : trovons* 1118. *seions : deviendrons* 1906. *repalerons* 2469. *luison* (legimus) 379. 1553. *tenon* 2063. *iron* 3549.

*β*) *volum* 418. *savum : ⁓avum* 610. 2501. *avum : devum* 1370.

Im Reime wird für den Dichter erwiesen: *on:*

*luison* (legimus) : *toison* (tonsionem) 380. : *traïson* 1554. *iron : seison* 3549.

*volum : digression* 418. *savum : baston* 836. *trovums : successions* 1066.

Somit dieselben Formen wie bei Wace, s. Andresen III, 570.

d) Imperf. Ind. der I. lat. Konj.

1. u. 2. Pers. Sg. Die 3. Pers. Sg. endigt durchweg auf:

-*out:*[1] *visitout* 79. 3413. So noch 80. 1178. 2167. 3412 etc.

---

[1] Zu *out*. Einmal findet sich *donnet* (= *donout*) 2172. Ich mufs dafür auf $\varrho$ in offener Silbe verweisen.

Einmal blofs findet sich *gardot* (: *out* habuit) 1559. *out* reimt aufser mit den unter *6,* a genannten mit *Norgout* (Norgodus) 2754.

3. Pers. Plur.: Numerisch überwiegt 1) *oent: amoent* 1673. *remuoent* 1716. *aloent* 901. *trainoent* 914. Vgl. noch 950. 966 etc.

2) *ouent: chantouent : penouent* 3268. Ferner 3282. 3389. 3393.

3) u. 4) *oau-: au-: atornoauent : aprestauent* 882.

5) *oient: desloient* (l. *deslouent*) : *domoient* 2517. *chantoient :* *enluminoient* 2543.

Auch Wace braucht im Plural vorwiegend -*oent* (s. Andresen III, 518).

Die sub 5 genannten Formen sind nicht normannisch, dürfen aber in einer Abschrift aus dem Jahre 1280 nicht auffallen; s. u. *ę* in off. Silbe.

Sonderbar sind die unter 3 u. 4 aufgeführten Schreibungen; *au* wurde in lat. Lehnwörtern auch = *o* gesprochen. Damit war die Möglichkeit zu irriger Anwendung des *au* gegeben, und daher werden unsere Schreibungen stammen. -*ou-* ist auch hier als die ältere Form (vgl. Mall Comp. 66) aufzufassen; ob der Dichter es im Gegensatz zur Schrift häufiger als -*oe,* -*oent* gebrauchte, läfst sich aus den Reimen nicht erweisen.

7. *a + I-Element wird zu ai, bezeichnet durch ai, ei.*

1) Verwandlung von Kons. + *i* im Wortauslaut zu *i,* cf. W. Meyer, R. Zs. IX, 223. *esguardei : trovei* 2387. *enmei* (*amavi*) 2932. *sai : ai* 350. *sei* 67. (Anm. *soi* 710 : *di = s'oï* [*audivi*] : *di,* nicht *soi = sapui*, nach einer gütigen Bemerkung von Herrn Prof. Gröber.)

*ai* (habio*) 349. 1053. 2564. *ei* 2224. *fenir-ai : commencer-ai* 28. *metr-ai : dorr-ei* 1026.

2) Attrahiertes *i:* a) *aiese* (zweisilbig) : *mesaise* 588. Dazu *mesaiesie* (viersilbig) 2674 (cf. „asius" in Wölfflins Arch. I, 204 ff. „Vulgärlat. Substrata roman. Wörter").

b) Suffix -*arius* in der späteren Entwickelung: *suaire : viaire* 1238. *aire* (: *faire*) 1317 (vgl. ital. aria). klass.-lat. -arius, vglat. *ęrius* (vgl. Ascoli, Archivio glott. I, 484; Thommsen, Mém. de la soc. de ling. III, 123; Prof. Gröber, Wölfflins Arch. I, 225) ergab -*ier* und war durch Suffix *ęrium* ersetzt worden, s. daselbst.

*reguler* 1786 ist regelrecht aus regularem entstanden.

3) a + vokalisierter Gutt. oder palatalisierter Kons.

a) Vor einfacher Kons.: *faire* 1317. *faite* : *traite* 1314. 1392.
*fait* (: *ait*) 1500. *feit* : *heit* 2240. *traire* : *afaire* 2493. *faiz* : *paiz* 2405.
Anm. *haient* 1528 (: *revoleient*) steht für *haeient*.

b) Vor mehrfacher Kons.: *pest* (paskit\*) : (*forest*) 448.
*plaist* : *taist* 692. *traist* (l. *trait*) (: *vait*) 1760.
Anm. *trait* ist einzusetzen, mit Köritz: Über das s vor Kons.
p. 5, Strafsb. Diss. 1885.

Geschriebenes *e* für *ai* auch in *mestre-altel* 2071. 3560.

a + I-Element vor dem Ton.

*esmaié* 261. *veraiement* 2331. 2849.

*faiture* 3512. *leissie* 258. *leissei* 490. *laissa* 661. *lerrei* 489. *leirons* 2468. *leissasse* 3032. *lerreiz* 1994 (lese ich aus Michels *meslereiz*, indem ich dieses = *mei-lereiz* = *me laisserez* setze). *fereit* 1971. *ferai* 1985. *lermant* 1217. *serement* 1631.

*pestiz* 3247 (obschon aus pasticium [Du Cange] abzuleiten) dürfte hierher gehören, weil *e* seine Existenz dem *e* des Simplex *pestre* durch Analogie zu verdanken scheint.

*meison* 127. 2181. 2723. *maison* 2116. *mesmei* 2990. *achaison* (ocasionem) 128. 1031. *acheison* 3195. *livreison* 335. *reison* 1192. *seison* 3548. gelehrt: *facon* 3516. *feiseit* 405. *faiseit* 809. 1510. 2804. *faseit* 222. 1436. 1688. 1704. *pleiseit* 1435. *plaiseit* 2929.

Aus den Reimen geht nur hervor, dafs *ai* vor mehrfacher Konsonanz zu *ę* geworden ist, während es vor einfacher erst im Übergang dazu begriffen zu sein scheint. Die Schreibung schwankt zwischen *ai, ei, e* (besonders in der Vortonsilbe) und läfst uns eine allmähliche Monophthongierung zu *e* erwarten. Vgl. im übrigen die Ausführung zu v. 4. Auf die Erklärung von Fällen wie *aiese* werden wir unten sub *ę* in offener Silbe zurückkommen.

## 8. a + ĩ.

In der Tonsilbe findet es sich im Reime nur in *pailes* 1226 (: *sçandales*). *taille* : *bataille* 3350.

Aufserhalb des Reimes: *maielle* 3042. *vitaille* 3251. *traval* 1992. 3365.

Vortonig: *faillunt* 9. *bailliz* 1950. *vaillant* 930. *tallier* 511. *balliez* 620. *falli* 983. *falliz* 1949. *ballie* 1591. 2039. *vallanz* 1757. 2094. 2352.

Da unser Dichter Assonanzen an Stelle des Reimes sonst nicht aufweist, so mufs der an erster Stelle genannte Reim als Verstofs, beruhend auf schlechter Überlieferung, bezeichnet werden oder Lokalform des Wortes sein; s. u.

Bemerkenswert sind *maielle* (meta illia\*) und *traval;* ersteres, weil es zu *aiese* gestellt - ähnliche Umstellung aufweist, insofern aber abweicht, als es vom Dichter dreisilbig, *aiese* zweisilbig gebraucht ist. Indessen bedeutet *aie* hier wie dort für den Schreiber eine zweisilbige Gruppe, in der er altes *aai = aei* zu *aie(se)*, *maie(lle)* umstellt. — Ich verweise auch hier auf ẹ in offener Silbe für die Erklärung.

In *traval* sehe ich die Reduktion eines älteren *travail* ($il = \tilde{l}$), die sich bis heute in Teilen der westlichen Normandie erhalten hat (cf. Joret, Essai sur le patois Normand du Bessin s. v. *travāyé*). Ob mit dieser Reduktion auch die Schreibung *-all* zusammenhängt, die in der Normandie und über dieselbe hinaus nicht selten ist — Th. Helie de Biville z. B. weist *palle* (palea) : *aumalle* (animalia) 519. *tenalles* : *entralles* 803. *palle* : *talle* 915 auf, die „Anciens évêchés de la Bretagne", ed. Gueslin und Bourgogne, zeigen diese Schreibung ausschliefslich —, ist bei dem Mangel an beweisenden Reimen nicht zu bestimmen; *ll* könnte $\tilde{l}$ darstellen sollen. Mouilliertes *l* wird in- und auslautend teilweise auf einfaches *l* reduziert nach Joret im Patois du Bessin (vgl. Joret a. a. O. p. 25: *famile, file* und auch *tale* neben *taille* v. s. v. *tayé; pale* und *paye* (palea). Dả sich nun *traval* zweimal in unserem Text findet, so erschiene ein *pale = paille* nicht undenkbar, zumal wir *pale* für eine westnorm. Mundart (allerdings = *paille =* palea, nicht = pallia\* von pallium, Mantel) nachgewiesen haben. Nehmen wir *pa[i]les : sçandales* hinzu, das zu verdächtigen die Stelle keinen Anlafs giebt, so ist ein scharfer dialektischer Zug unseres Denkmals festgestellt.

Reime von *a* vor $\tilde{l}$ mit anderen *Vok.* $+ \tilde{l}$ finden sich nicht, somit wird 294 *travelloent* nicht dem Dichter angehören.

### 9. $a + \tilde{n}$.

1) In der Tonsilbe: *Bretaigne : grifaine* 46. *Gargaine : Campaigne* 502. *Campagne : Gargaigne* 1132. *Moriaigne : Losaine* 536. *Montaignes : plaignes* 784. *Alemaigne : Espaigne* 1492. *Champaignes : compagnes* 1650. *enfregne : maigne* 2279.

2) Vor dem Ton: *aplanie* 257. *graignors* 1291. 1346. *gragnor* 2321. *greignor* 3552. *compagnie* 2243. *remeignant* 2293. *freigneit* 3626.

Der Dichter reimt *añ* rein mit sich, der Kopist kennt *eñ* dafür; für die Aussprache des ersteren ob *añc* oder *aiñe* etc. läfst sich somit nichts entscheiden.

Im Einzelnen ist zu bemerken: *enfregne* 2278 geht auf ein *infrangere* (vgl. Cass. Glossen) zurück; *pleignes* auf planias*. *Moriaigne* dürfte das bei Bischoff u. Müller, Wörterb. der Geographie, verzeichnete Mauriannæ (Comitatus, id. e. Garocelia vallis, Hauptstadt, heute St. Jean de Maurienne, Savoyen) sein. *Losaine,* heute Lausanne, a. a. O. als Lausanna, Lausona verzeichnet. Unser Text verlangt als Etymon ein Lausania* oder Lausana*. Im ersteren Fall stünde *Lausaine = grifaine* 46. *Gargaine* 501; oder *aplanie* 257; im letzteren würde es *Lausaña = Lausana* besser entsprechen. Ein ähnliches Verhältnis von Reduktion, wie oben bei *-aille,* ist bei der schwankenden Darstellung und unsicheren Überlieferung der Ortsnamen im Mittelalter wohl denkbar, doch mit keinerlei Sicherheit nachweisbar.

### 10. a + l + Kons.

Übergang des *l* zu *u* in dieser Stellung läfst sich aus den Reimen nicht erweisen; doch dürfen wir annehmen, dafs die Vokalisierung begonnen habe; denn in der Verbindung $\varrho + l + Kons.$ ist *l* sicherlich schon zu *u* geworden; s. u.

Die Schreibungen geben natürlich von diesem Vorgang reichliches Zeugnis:

*eschalfaut* : *haut* 1004. *Guillalmes* : *realmes* 1488. 2441. *Teibalt* : *asaut* 1598. *leals* 188.

Vor dem Ton: *hauteice* 421. *saumons* 468. *haltement* 964. 2035. *hautement* 987. *communealment* 1101. *essauca* 1497. *maldit* 1844. *augiez* (Konj. v. aler) 1896. *autretant* 2159. 3324. *lealment* 2174. *chaucier* 2881. *malmis* 3296. *mestreautel* 3560. *autretel* 3561. *Albert* 133, das richtige *Autbert* 154. 1367. 1957.

Umgekehrte Schreibungen und falsche Setzung des *l:*

*solzlevant* 314. *provolz* (præpositus*) 2230. *aultres* 2348.

Der aus a + l (+ Kons.) entstandene Diphthong ist nicht zu *ǫu, ǫ* geworden, denn im Reim ist er davon streng geschieden.

### 11. a in geschlossener Silbe

bleibt erhalten.

*pas* : *las* 376. : *dras* 642. *part* : *regart* 534. *chasse* (capsa) :

*masse* 1350. *Richart* 1585. 1605. 1639. *Bernart* 1606. *leubart* 1640.
*mainart* : *part* 2130. *Johan* : *an* 2238. *pale* 2607. *Art* : *essart*
1404 etc. etc. Ebenso:
   *la* (illac) 287. 509. 933. 1293 etc. *ja* (jam) 1982. *cha* (eccehac)
404 etc.

    D a s  P a r t. P r ä s.  a l l e r  K o n j.  (cf. Diez II, 228) ausschliefs-
lich -*ant* reimt nur zu sich und etymol. -*ant*, nicht zu -*ent* etc.:
   *faillant* : *mespernant* 8. *mananz* : *paisans* 266. *botant* : *grant*
284. *ovranz* : *enfanz* 302. *solzlevant* 314. *rendant* 330. *poignant* :
*avant* 484. *chantant* : *semblant* 704 etc.

    Keine Ausnahme bilden: *escient* 10. 375 (auch sonst häufig neben
*esciant*, doch fehlt dieses in unserem Text) zu Adv. auf -*ment* im Reime.

    Zu *sullent* 291 (: *neient*, necentem\*) vgl. Förster, R. Zs. I, 157 =
prov. suzolen = sucidolentus\* (Diez II, 382).

    Von Belegen für *a* + *n* + *Kons.* füge ich noch folgende bei:
*avant* : *quant* 1834. *mande* : *commande* 1894. *Durant* : *vaillant* 1930.
*demande* : *grande* 1938. *Normanz* : *vallanz* 2094. *autretant* : *grant* 2160.
   *France* : *oiance* 1346. *blanche* : *branche* 3693. *eschange* : *estrange* 136.

    -a b i l i s: *saluable* : *delectable* 1170. *amable* : *enorable* 1274. *acor-
dables* : *semblables* 1808. *tables* : *convenables* 2142. *veiable* : *diable* 3439.
    -a t i c u m: *boschasge* : *rivage* 440. *message* (: *sage*) 524. *lengages*
(: *sages*) 834. *damageis* : *outrageis* 1412. *barnage* : *ommage* 1502.
*hontage* : *veiage* 3101.

    Die Belege für aus sabius\* entstandenes *sages* sind erwähnt.

    Dafs der Dichter nicht -*aige* sprach und schrieb, geht wohl aus
*sages* : *larges* 2361 hervor.

    a  v o r  j o t a c i e r t e r  K o n s o n a n z: *place* : *face* 2625. *ma-
nace* : *face* 1732. 1736.

    E n d u n g  -a s s e m  etc.  d e s  I m p e r f e k t  K o n j u n k t.  d e r
V e r b a  I.  K o n j.

    Belege finden sich zu 1. u. 2. Sing. und 3. Plur.:
   *leisasse* : *amasse* 3033.
   *alast* : *trovast* 142. *aprestast* : *enveast* 500. *desveast* : *jugast* 1262.
*alast* : *rovast* 1876. *demandast* : *gardast* 1886.
   *alassent* : *portassent* 230. *demandassent* : *aportassent* 504.

    Hierher ziehe ich auch
    1) D i e j e n i g e n  b e t o n t e n  F o r m e n  v o n  h a b e r e, die *a*
bewahrten, und die damit gebildeten Futurformen.

2) **Perfektendung** a) -asti und b) -avit.

Ad 1) *as* (habes) 2643. 2922. Dazu *lever-as* : *iras* 360 etc. —
*a* (habet) 119. 179. 278 (durch den Reim als *a* gesichert). —
Im Versinnern *ad* 219. 457. Dazu *vendra* 180. *voldra* 1538.
Zur Erklärung dieser Formen vgl. Meyer, Rom. Zs. IX, 144;
Neumann a. a. O. 257 ff.

Ad 2 a) Fehlt in unserem Text.

b) *porta* 120. *commanda* 140. *lia* : *enseigna* 242. *a* ist hier
durch Analogie bewirkt, nach Neumann a. a. O. 267.

Die 3. Pers. Sg. von *vadere* hat beim Dichter zwei Formen:
*va* (: *pleira*) 1772. *vait* (: *traist*, 1. *trait*) 1760. *veit* : *forfeit* 1516.

## 12. Vorton-a.

1) **Unter dem Nebenton** ($\dot{a} + \dot{\cdot}$, $\dot{a} + x + \dot{\cdot}$).

a) **Im Anlaut.** α) **Im Hiat.** Durch Angleichung oder Ein-
fluſs des *ü* (cf. *mëur* = maturus): *ë* in *ëust* (habuisset) 187. 1220.
1415. 2875. *ëussent* 1378. — *ëu* 26. 79. 3705. — *a* in *aorna* 3184.
*aïe* 3610.

β) **Vor Konson.** *apertement* 9. 21. 371. *atent* 298. *arestée*
316. *apeirt* 318 etc. — *ama* 2378, aber *enmei* (amavi) 2932. *enmout*
(amabat) 3412, so auch *enmende* (amenda) 2166, neben *amendaut*
42. *amender* 996. Ebenso im Livre des manières: *enmer* (amarus)
Kehr p. 11. Ebenso in der Clef d'amour (ed. Edwin Tross, Paris
1866): *enmie* (amica) p. 32. 45. *enmer* (amare) p. 46. 47. *enmours*
p. 65. 66. *enmer* p. 68. 83. — (Vgl. dazu in diesem Text: *prenmettre*
und *prenmet* achtmal auf p. 27.)

Thomas Helie, 763 *emmie* (*aime*), deckt sich damit nicht ganz. —
Daſs diese Formen nur den Kopisten angehören, läſst sich bestimmt
nur für das Livre des man. nachweisen, da dort der reiche Reim
*amer* verlangt. Indessen ist es auch für die anderen Texte kaum
zweifelhaft, daſs diese Unterschiebung eines *en* für *a* auf Irrtum der
Kopisten beruht und nicht auf einer wirklichen Lautsubstituierung.
Die modernen Mundarten wissen davon nichts. [1] Anders verhält es
sich mit der Nasalierung eines Vokals im Auslaut, wie des *e* in *ce*
(ecce hoc) = *cen*, wo ein dialektischer Zug für die unserem Gebiete

---

[1] Vgl. auch *emma* (= *amavit*) II, 2. *demmnede* (= *damne-de*) II, 3
der Stephanusepistel, ed. Ed. Stengel, Ausgaben u. Abhandlungen Bd. I, 69.

angehörigen Texte festgestellt werden kann. Doch siehe darüber
unten zu *n*.

Vor Labialis wird a : ou: *ouvec* 1045. *ouvert* 2967.

b) Im Inlaut: α) im Hiat: *pai-er* : *qua-ier* 18. *chai-et* 2526.
*esba-iée* 2647. *tra-ieit* 2671. 2999. *gre-ié* 2092 (aber *graé* 2058).
*enva-ïe* 1410. *païs* 1458. 2150.

Vor *i*, *ü* : *e*: *pareïs* 165. 2598. 2868. *Avrenchëin* (Abrincatinum)
539. 714. *sëue* 813. *tëust* : *pëust* 238. *sëuz* 1865. *gëust* 1966. *jëu*
1479, aber *jut* 2114. 2337. Siehe dazu: Neumann a. a. O. 381.

o vor urspr. Labialis: *espoantée* 3235. 3631. *poor* 3277. 3297.

β) Vor Kons.: Als umgekehrte Schreibungen fasse ich auf
(e = a vor Nas.): *Normendie* 31. 455. 488. 1409. *menja* 95 (*manjout*
150). *enfenter* 3536. *estrenglei* 95, gegen *commandé* 116. *larrecin* 203.
*manda* 212. — *mananz* 266. *garir* 423. *garison* 1074. *laton* 3523.
*nonchaleir* 169. *manifester* 46. *travellocnt* 294. *chapele.* 415. *harens*
471. *messagiers* 656 etc. *chicrir* 2873 ist von *chier* gebildet.

Beachtenswert und charakteristisch wenigstens für den
Schreiber (als Eigentum des Dichters läfst es sich nicht nachweisen)
ist der Übergang von gedecktem Vorton-a vor r zu e in:
*merchie* (marcatum\*) 364. *escherdous* (excardosus\*) 3221, aber
*charbons* 2796. Gehört hierher nicht auch *esmesri* 3583 (= exmarri-
tus\*)? Vgl. *esmerri* im Alexius Str. 716, wo es freilich von Gaston
Paris in *esmarri* geändert wird.

Nach Joret, Des caractères et de l'extension du patois Nor-
mand, Paris 1883, p. 153, ist dieser Wandel des ged. Vorton-*a* zu
*e* vor *r* ein Zug sämtlicher Mundarten der auf dem linken Ufer der
Seine liegenden Normandie, und selbst derjenigen des Maine-Departe-
ments (vgl. Montesson, Vocabulaire du Haut-Maine p. 36).

In den anderen Denkmälern der Normandie, die ich im Laufe
dieser Untersuchung durchgesehen habe, ist mir ein Beleg dieser
Lautentwickelung nicht vorgekommen.

Die unter b als umgekehrte Schreibungen bezeichneten Belege
lassen erkennen, dafs für den Schreiber *en Kons.* und *an Kons.* gleich
lauten, was nicht ausschliefst, dafs er trotzdem Normanne war. Denn
auch in der der Hague angehörigen Vie des Th. Helie finden sich
*menger, calenger* (nach Joret, Mém. de la soc. d. ling. V, 64), und
doch trennt die Sprache der heutigen Hague *en Kons.* noch scharf
von *an Kons.*, cf. Fleury a. a. O. 171, während das Bessin z. B.

diese Gruppen unter *an* zusammenfallen liefs; wir könnten somit jene umgekehrten Schreibungen unseres Romans als frühe (13. Jahrhundert) Belege des Übergangs von *ęn Kons.* zu *an Kons.* für gewisse Gegenden der westlichen Normandie auffassen. Aber doch hat der Kopist niemals für *-ent -ant* geschrieben und umgekehrt; und man könnte geneigt sein, in jenen Fällen einen Übergang von *-an* zu *-en* erblicken zu wollen, wie dies für das Pik. von Suchier, Aucassin et Nicolette p. 64, geschehen ist. — Aber davon wissen die heutigen Mundarten der Normandie, soviel mir bekannt, nichts. Der Grund ist also in litterarischer Einwirkung der Centralmundart zu suchen.

2) a in der Stellung x + a + ⌣ wird zu e.

*apertement* 9. 21. 114. 371. *certement* 339. *novelement* 14. *troveMent* 22. *orguenee* 992. *orfenins* 1276.

*liement* 573. 3709 etc. sind dreisilbig und, da der Dichter nicht *ie* für *iée* spricht, als *lieement* aufzufassen.

*isnelment* 747. 3379. *isnelement* 1609. 2664, sind beide durch das Versmafs für den Dichter gesichert; aber während letzteres regelrecht, ist ersteres nach Analogie der Adverbia von Adjektiven einer Endung gebildet zu denken.

Im Fut. nach Nasal: *pardonra* 2627. *donróns* 1066, aber *leveras* 361. *commanderai* 2259.

In auslautender unbetonter Silbe wird a zu e: ist stets silbebildend am Versschlufs, stumm im Versinnern vor Vokalen, so 12. 56. 81. 128 etc. Gesprochen vor Kons.: 22. 25. 26. 30 etc.

Der Kopist schwankt in seltsamer Weise in der Bezeichnung dieses Lautes und giebt damit einen gewissen Mafsstab für die Bestimmung seiner sonstigen Schreibungen. (Ich füge die Belege für auslautendes *e* anderer Provenienz und *e* in Procliticis hinzu.) Vor *s* und sonst findet sich:

*ai: meseisais* 78.

*ei: damageis : outrageis* 1412. *totei* (= toute) 2446. *grevei* (grève) 2828. *congreis* 471 (congre). *donnereis* (= doneire) 2361. *trentei* 2125. Im konjunktiven Pronomen: *lei* 1269 (*visitout lei* = illum). *leis* (= illas) 621. 3451. *seis* (suus, siehe auch bei *ī*, Formen wie *sies, ses, sis* daneben) 195. *lui* (= *lī*, Dat. Pron. masc. 3. Pers.) 494.

*ie* nach Zischlauten: *cergies* 880 (*cierges* 1242. *ceirge* 2586). *igliesie* 3428.

## II. Vulgärlat. ẹ (klass. ē, ĭ).

### 13. ẹ in offener betonter Silbe.

Die häufigste Schreibung ist 1) ei. *seir* : *nonchaleir* 170. *heir* (hēres) 339. *buissonceix* 733. *Espeir* 925. *mei* : *rei* 1034. *sei* : *rei* 1075. *orfreis* : *demaneis* 1230. *Franceis* : *anceis* (ante-ipsum?) 1446. 1483. 1636. 1749. *anceix* 1986. : *Daneis* 1646. *veir* : *pareir* 1934. *sei* : *segrei* 1960. *espeir* : *seir* 2931. : *veir* 3737. *eirre* : *proveire* 122. : *provaire* 3089. Verbalendungen: *esteit* 65. 69 etc. *esteient* 69. *seieit* 66 (sedebat). *serveient* 68. *aveit* 90. 111. *aveient* 1009. 1171. *veneit* 89. *soleit* 99. 192. 406. *trameteit* 134. *veieit* 145 (videbat). *deveit* 186. *veirreit* 201. *diseit* 185. 210. *donneit* 191. 497. *fereit* 206. *faseit* 222. 1435. *voleit* 209. 754. 1722. *seit* 299 (sit). 393. *veit* (videt) 369. 513. (: *dreit*), *coreient* : *sordeient* 442. *revendreient* : *morreient* 528. *parlereient* 589. *atendeient* : *voleient* 608. *pareit* 739. *ardeient* 900. *requereit* : *deit* (debet) 939. *aparteneit* 1093. 1104, und so noch in etwa 100 Fällen.

Die 2. Pers. Plur. Präs. Ind. reimt zu *a*, siehe sub 1. Die 2. Fut. reimt blofs mit sich, so *remaindreiz* : *herbergerez* 624. *getereiz* : *lerreiz* 1994. Ist es Zufall? Die Zahl der Fälle läfst schwerlich ein Urteil fällen. — *feiz* : *crereiz*, s. u. *a*, wurde oben vermutet.

2) ie: a) Nach Kons. (Zischlauten und sonst): *ancies* 811. *anciez* (idem) 1319. 1963. *enrichiet* 2889. *espier* 3388. *fiebles* 1947. *ierre* (iter) 3017.

b) Nach Vokal: α) *poiet* 83. 397. *poiet* 2951. 3218. 3616. *poier* 1450. 1683. 2351.

β) *veier* (videre) 339. 919. 926. 2505. 2513. 2519. 2562. 2866 und immer so. *veiet* (videbat) 1439. — *seier* (sedere) 406. *haiet* 1577 (= hatēbat*), *chaiet* (cadebat) 2526. *oict* (audebat* für audiebat) 3094. *Bene iet* 3489. 2103. — *poiet* 2867 steht für *puet*. — *neies* 2837 (= ne ipsum).

3) eie: *aveict* 84. *saveiet* 2104. *esteiet* 2526. *veier* 420. 2841 (verum). Das Versmafs verlangt in allen diesen Fällen Einsilbigkeit der Gruppe *eie*.

4) iei: *poieit* (potebat) 323. 3251. *veicit* (videbat) 145. *oieit* 2567 (audebat* = audiebat). *traieit* 2671. 2999. — Auch nach Kons. *plovieit* 3240 (aber *ploveit* 3472). — *creieient* (credebant) 3435. *poicit* 3695. *esteieit* 3575 (wie die Silbenzahl zeigt, mufs *esteit* stehen).

5) e: *crere* 130. *dirreent* 590. *bruihairez* 733. (por) *que* 2833. 3332. *toletes* (tollęctas *) 2952.

*se* (bet. Reflexiv-Pron. der 3. Pers.) 1530. *re* (= regem) 1571. *me* (bet. wie *se*) 1764.

6) a i: *provaire* 3088.

7) i: *irre* 3149 (gegen *eirre* 3056. *ierre* 3017).

8) o i: *gesoient* 2530.

*e* ist ausgelassen in: *haient* (: *revoleient*) 1528 statt *haeient*. *reient* 1910. 3679 (: *aveient*) st. *veeient*; ebenso *reveient* 2538. *veient* : *oient* 3723 st. *veeient* : *oient* — *poient* 3291 (: *aveient*) st. : *poeient*.

Vulgärlat. *ę* in offener Silbe ergab bekanntlich im ältesten Norm. *ęi*. Anzunehmen, Guill. de Saint-Paier habe es nicht mehr, sondern *ęi* oder *ę* dafür gesprochen, ist kein Grund vorhanden,[1] reimt es doch nur mit sich und mit *ęi* aus *ę* + *I-Élement*. (Die einzige Ausnahme siehe unter I, 1, c.) Damit stellt sich unser Dichter zu Wace, cf. Andresen a. a. O. p. 513. Allein dieser Annahme entsprechen nur die an erster Stelle aufgeführten Belege, nicht aber die unter 2—8 genannten. Diese erheischen eine Erklärung. — Ich ziehe zunächst die unter 4 genannten in Betracht.

Auf den ersten Blick möchte es erscheinen, als ob diese Formen mit einem *i* zum Zwecke der Hiatustilgung versehen wären. — Dagegen sprechen die Schreibungen *ie*, *iei* = *ei* hinter Konsonant, vgl. auch die Belege unter 2, a; für diese Annahme die grofse Konsequenz, mit der das *i* hinter Vokal auftritt.

Aus den Reimen läfst sich über Bestehen eines solchen hiattilgenden *-i* in den sub 2 u. 4 angeführten Fällen nichts erweisen: der Dichter konnte *poieit* und *poeit* im Reime mit *destreit* z. B. gleich gut gebrauchen. — Damit bliebe aber 3 unerklärt. Zudem haben wir oben unter I, 2 (p. 13) ähnliche Einschiebung eines *i* gesehen, wo es nur durch einen Schreiber konnte geschehen sein.

Als weiterer Grund mag dienen, dafs derartige Schreibungen wie 2, 3, 4 der Hs. B unbekannt sind, soviel ich aus den mir zu-

---

[1] Wenn wir dieses *ei* = *ę* im Reime fänden zu urspr. *ai* z. B., wie dies in der That im Livre des man. (s. o. p. 20, Anm.) eintritt, so dürften wir annehmen, *ei* laute nicht mehr mit *e*, sondern mit *ę*. (Es wäre somit die Mittelstufe im Livre des man. erreicht, die wir zwischen Benoit [e] und den Normannen Guill. de Saint-Paier und Wace [*ei*] postulieren dürften. Aber der einzige Reim vermag diesen Schlufs noch nicht zu sichern.)

gänglichen Stellen ersehen kann. Es wird also eine andere Erklä-
rung für 2—4 gesucht werden müssen; darüber s. u.

Daſs der Kopist für altes *ẹi* schon *e* sprach, geht aus 5 hervor.
Daſs die Zahl der Belege hierfür nicht gröſser ist, darf in der Ab-
schrift eines so alten Denkmals nicht auffallen; anders gestaltet sich
dies in jüngeren Texten, so in der Vie des Th. Helie. Hier ist z. B.
das Imperfekt der II. Konj. alt *eie* — *eit* — *eient* nur zweimal noch
mit *ei* bezeichnet, sonst mit *e*:

*avet* : *savet* 90. 108. *maintenet* : *tenet* 119. *feset* : *teset* 124.
*estet* : *vestet* 147. *retenet* : *revenet* 180. *venet* : *reprenet* 236. *feset* :
*pleset* 244. *avenet* : *prenet* 391. *pleset* : *esset* (?) 425. *prenet* : *avenet*
593. *feset* : *pleset* 691. *soulet* : *voulet* 695. *guilaret* (?) : *savet* 703, so
noch 819. 833. 837. 921. *savet* : *avet* 943. — *ei* in *saveit* 743 und
*sesteit* (?) 755. Auſserhalb des Reimes findet sich dieses *e* 46 mal
in der Imperfekt-Endung II. Konj.

Auch das Imperf. der I. Konj. weist Endung -*et* auf, vgl. *priset*
158. *alet* 198 (: *falet* = failleit). *grevet* 415 (: *bevet*). *detournet* 609.
*gardet* : *regardet* 787. 923. *aviset* 265 (: *diset*). Mit diesen letzten
Formen ist unser d o n n e t == donabat 2172 zu vergleichen (vgl.
oben p. 23, Anm.).

Der Übertritt der Endung des Imperf. Ind. I. Konj. zu der der
zweiten scheint also hier schon vollzogen zu sein, sicherlich ist er es
heute im Patois de la Hague nach Joret, Soc. d. ling. V, 63.

Kommen wir auf unser *e* = altem *ẹi* zurück. — Wo sonst
(auſserhalb des Imperf. der II. Konj.) *ẹ* zu Grunde liegt, erscheint
in der Vie des Thomas Helie *ei* nicht selten: *peivre* : *abeivre* 364.
*cherveise* 417. *saveir* : *aveir* 683. Auſserhalb des Reimes: *deit* 92.
267. *aveir* 618. *crey* 744. *veir* (= vidẹre) 782. *saveir* 970. *segrei* 936.
Doch auch hier ist *e* häufiger: *aver* 51. 267. *ver* (verum) 162. Inter-
essant ist *franchies* 105 (vgl. unser 2) neben *francheis* 347. — Die
Reime geben keinen Anhalt zur Bestimmung des *e* = *ẹi*. — Die
spätere Entwickelung weist auf den offenen Laut. — Ein bestimmtes
Zeugnis gewährt uns dafür 1) Beza de Francicæ linguæ recta pro-
nuntiatione, Genf 1584, ed. Tobler p. 53. Zu *oi* (vulgärlat. *ẹ*) wird
bemerkt: Hujus autem diphthongi pinguiorem et latiorem souum
nonnulli vitantes, expungunt *o* et solam diphthongum *ai*, id est *e*
apertum, retinuerunt ut Normanni qui pro foi (fidem) scribunt et
pronunciant fai (also = phonet. fẹ). — 2) Die moderne Mundart

der Hague, die für altes $ei$ nur in dem Falle $e̡$ kennt, wo ursprüng-
lich darauf folgende Konson. verstummte und $e$ in den Auslaut trat;
die gewöhnliche Form ist $e̡$, selten $ei$ (s. Fleury a. a. O. 296). —
Aber $e$ konnte in der Zeit der Hs. des Rom. du M. St.-M. immerhin
noch $e̡$ (für $e̡i$) sein, $e̡$ daraus später sich entwickelt haben. Auch in
Texten anderer Gegenden bedeutet $e$ sowohl $e̡$ als $e̡$. Allein die
Schreibung $ai$ für $ei$ (s. 6) spricht für $e̡$.

Man wird also $e$ für älteres $ei$ als offenen Laut annehmen dürfen
auch im 13. und 14. Jahrh., d. h. in unseren Hss. Auch die Schreiber
des Waceschen Roman de Rou stellen $ai, ei, e$ einander gleich (s. An-
dresen p. 513), mithin ist auch bei ihnen altes $e̡i$ zu $e$ (wohl $e̡$) geworden.

Zu 6, $provaire$, ist nach diesen Ausführungen nichts mehr zu
bemerken.

Wir kommen zur Besprechung von 2 a u. b, 3 u. 4 an letzter
Stelle, weil diese Fälle eine eingehendere Würdigung verdienen und
die Erklärung von 5 voraussetzen, wie sie eben gegeben wurde.

Meines Wissens ist bis jetzt eine Erklärung dieser eigentüm-
lichen Schreibungen nicht gegeben worden. Auf der Willkür von
Abschreibern können sie nicht beruhen, da sie in mehreren norman-
nischen Texten sich wiederfinden, bei denen an gegenseitige Beein-
flussung nicht zu denken ist.

Wir haben gesehen, daſs in der westl. Normandie an die Stelle
eines alten $ei$ im 13. Jahrh. $e̡$ getreten war. Aber warum setzten die
Schreiber, wenn sie ihre Vorlage ändern wollten, für älteres $veeir$
(videre) nicht einfach $veer$, sondern $veier$? Warum vollends $voier$?
Für $veeit$ (videbat) nicht $veet$, sondern $veiet$, $voiet$? Für $chaier$ (cadere)
ein $chaier$ oder gar $choier$? Thomas Helie hat, wie oben gezeigt, in
der That $e$ und doch auch eine Form $chaier$ 734. — Da es mir
scheint, ein $voier$ neben $veier$ = videre, wenn auch nicht in ein und
demselben, so doch in normann. Texten, müſsten zueinander in einem
gewissen Verhältnis stehen, so habe ich die Untersuchung auch über
ersteres ausgedehnt und dabei Urkunden und Texte aus dem Ende
des 13. und Anfang des 14. Jahrh. verglichen.

1) Belege aus amtlichen Schriftstücken der Normandie, publ.
von Delisle in den Mém. de la soc. des antiquaires de Normandie
XVI, p. 131 ff. $oi$ für altnorm. $ei$ ist hier ganz gewöhnlich, das ein-
heimische $ei$ findet sich aber doch meist daneben; es ist aber wichtig, das
Auftreten des ersteren zu verfolgen, ich führe somit die Belege mit an:

Bei Delisle a. a. O. p. 134, Schriftstück von 1260, abge-
faßt in Pontaudemer: *valoient. noient* (necentum\*). *droyt. droiture.
roy. demandoit. savoir. estoit. seroit* etc., neben *rey* (viermal = regem).
*borgeis.*

       p. 137. 1260, Pontaudemer:- *teneit. poet* (potebat).

       p. 159, Nummer 721. 1266, Le Maire de Rouen: *citeiens.
rei. Franceis. oi* für vulgärlat. *ę* findet sich hier nicht.

       Aber in Nr. 895, p. 212. 1277, Le baillie de Rouen: *assa-
voir. roy. hoirs* (dreimal). *avoir;* sogar *oi* für *ai*, wie in der Ile ̄de
France, vgl. Metzke, Der Dialekt von Ile de France in Herrigs Arch.
LXV, 67, wie *poient* (= payent) Ordonnances (du roi) 651; so hier
*poiant* = payant; aber doch wiederum *borjais.*

       Nr. 927, p. 227. 1278, Bischof von Bayeux: *estoit. roine.
soient. hoir. croire. savoir. avoient.* Daneben: *deens* = altes *deiens*
dreimal. *sei* (= sḙ́). *voeir* (videre). *croeie* (= credebam).

       Nr. 956, p. 242, gegen 1280, Mesnil Robert im Vicekomitat
von Vire: *soient. eschairroit* (ex-cadére—). *droitures. porroient. moi.
rei. devent. hers* (hēres). *eschaier* (ex + cadére\*).

       Nr. 957. 1281, vom Seigneur du Bois Gencelin (sur Risle,
Lieuvin) in Pontaudemer: *otroye. roi* zweimal. *rendoit. estoit. mois.* —
*oiers* (hēres) fünfmal. *savoier. troies* (trēs). *avoier* (habere).

       Nr. 958, p. 243 von 1281, von demselben: *roi. hoirs. savoir.
avoir. moi. borjois. rendoit.* Daneben *mays* (mensem). *otree* (3. Sing.
Präs.), vgl. auch *sessante.*

       Nr. 960, p. 243. 1281, Visconte de Rouen für Seigneur
Du Bois Gencelin: *tournois* (Münze von Tournai). *roy. droit. soy.*
Daneben *hers* achtmal. *mays.*

       Nr. 1000. 1282, Einwohner von Pontaudemer: *savoir.
roy. tornois. moy. droit,* vgl. auch *moetie;* aber zweimal *hers.*

       Aus der Baillie des Cotentin in Coutances sind mir
zwei Schriftstücke bekannt:

       1) Nr. 852, p. 199. 1315 (Wiederholung aus dem Jahre 1275):
*droit. chaoit. povoit. devoit.* Daneben ausgesprochene Normandismen,
vgl. unter auslaut. *n.*

       2) Bibliothèque de l'école des chartes, II. Serie, Bd. I,
p. 191, für ein Kloster im Mortainais (Avranchin): *torneis. aver.
porseer. porreit. heirs* dreimal. *porraint* (= porreient). *estet,* vgl. auch
*seissante,* neben *defalloient* und *savoier.*

Da die anderen von Delisle a. a. O. publizierten Urkunden keine weitere Ausbeute an eigentümlichen Schreibungen gewähren, gehen wir zu den litterarischen Denkmälern, erhalten in Hss. aus dem Ende des 13. Jahrh., über:

Unsere Sammelhandschrift A bietet als siebentes Stück den Conte d'Amors, dessen Publikation sich Reinsch in Herrigs Archiv LXIV, 167 hätte ersparen können. Es hätte genügt, eine Angabe der Varianten, die unsere Hs. gegenüber derjenigen aufweist, die Méon im zweiten Band der Fabliaux et contes, Paris 1808, p. 134 ff. unter dem Titel: Le chastiement des dames herausgegeben hat. Der Conte d'amor(s) ist ein Stück dieses chastiement, der Anfang des ersteren entspricht genau Vers 752 des letzteren. Die nächsten Verse sind jedoch in ersterem des Dichternamens wegen, der in v. 758 folgt (Robert de Blois), etwas verändert worden. — Zu dem Schlufs des chastiement fügt der Abschreiber im Conte d'amors noch zwei Verse hinzu, sonst erstrecken sich die Abweichungen nur auf Schreibungen und Wechsel von synonymen Ausdrücken.

Nur der Conte d'amors (nicht das Chastiement) weist folgende Schreibungen auf:

*voer* (videre) : *soïer* (sedere) 20. *regarderoet* : *seroet* 46. *voer* 262, aber *veez* (videtis) 283, neben *beit* : *deceit* 88. *valeir* : *veir* 110. *creire* 119. *saveir* : *estorer* 190. *doleir* : *aveir* 280. *ceile* 322 (celat) etc.

Der Roman de la Résurrection de Jesus Christ von Andre de Coutancés in Herrigs Archiv LXIV, 176 ff., ebenfalls von Reinsch herausgegeben (vgl. die Recension von Herrn Prof. Gröber in R. Zs. VI) — in der Hs. A an zweiter Stelle stehend —: *voier* 150 (videre). *seioit* : *issoit* 406. *vooir* (videre) 721. 1471. *chaior* 1449. *voer* (videre) 831. *avoer* 270. *pooes* (potebas) 1197. *avoet* 1724. 1744. *avroet* 1956. *avoer* 1957. *poer* (potēre*) 1590. *aseier* : *entrevoier* 1875.

In nahe an 200 Fällen ist altes *ẹi* durch *oi* wiedergegeben (auch die Imperfektformen der I. lat. Konjug. endigen auf -*oie* etc.: *espiroie* : *sospiroie* 846. *governoit* : *portoit* 1024. *grevoie.* : *genoie* 1190. *dementoient* : *redotoient* 1362); und doch finden sich an 40 Belege für norm. *ei* = *ei*. — Einen der Ile de France angehörigen Schreiber als Urheber des *oi* = alt *ẹi* und *oi* im Imperfektum anzusehen, ist auf den ersten Blick verlockend, aber die an erster Stelle genannten Schreibungen *voier* etc. sind dem centralfranzös. Dialekt fremd. Wir kommen unten darauf zurück. Andererseits finden sich doch aufser

den 40 Belegen für *ei* = *ęi* eine stattliche Anzahl spezifisch norman-
nischer Lautformen (siehe sub *ę* + *i* und *ǫ* + *i*), die von einem
centralfranzösischen Schreiber wahrscheinlich auch getilgt worden
wären, und endlich geht aus den oben aus amtlichen Schriftstücken
gesammelten Belegen für Gestaltung des vulgärlat. *ę* in der Schrift
des 13. Jahrh. hervor, daſs man den Schreiber nicht aufserhalb der
Normandie zu suchen braucht.

    Das letzte Stück in unserer Hs. A, d a s  F a b l i a u  d e  J o u g l e t
von Colin Malet (einem Dichter von der pik.-französ. Grenze?), ab-
gedruckt mit den Varianten unserer Hs. in Montaiglon et Raynaud:
Recueil de Fabliaux, Paris 1880, p. 112, nach Hs. 837 der Bibl.
Nationale (die Varianten des Ms. 10 289 Brit. Mus. p. 262) bietet
blofs *voier* 22; sonst allgemein *oi* für altes *ei*, und doch daneben
die in der Ile de France und Pikardie nicht, wohl aber in der Nor-
mandie nachweislichen Formen *cen* und *jen* für ecce hoc und ego
(s. sub *n*).

    S c h r e i b u n g - o i e r = norm. -eir = centralfrz.-pik. ëoir findet
sich auch im T r i s t a n r o m a n , Fragment publ. von Francisque
Michel, London 1835. I. Band (nach Michel in der Einleitung p. 53.
Aus dem 13. Jahrh.). Dieses im I. Bande publ. Fragment stammt
von einem kontinentalen Schreiber her, nicht so die anderen Stücke.

    Band I, p. 25, v. 438: *voi͡er* (: *soir*); ebenso 1123. 4299. *oiet*
495. *choier* (cadere) 1052. 3903 (: *doloir*). *meschoiet* (mis-cadęctum*) :
*avoit* 1774. *choiet* (cadęctum) 2044. *choiete* 4082.

    Norm. *ei* = *ę* in lat. off. Silbe fehlt nicht: *cornevaleis* 843. *beau-
veisine* 1060. *solcit* 1164. *sivet* (= sequebat*) 1588. *avet* 2090. *set*
(3. Pers. Sing. v. estre) 2392. *fei* 3060; doch sind dies allerdings die
einzigen Belege, die mir in den 4000 Versen aufgefallen sind.

    A n m e r k u n g zu dem von Michel publizierten Fragment eines
T r i s t a n r o m a n s . Das Fragment ist weder sicher datiert, noch
dessen Verfasser ermittelt. Michel glaubt in der Einleitung (p. 53)
auf Berox schliefsen zu dürfen. — Ohne diese Fragen entscheiden
zu wollen, gestatte ich mir, hier auf v. 2353 aufmerksam zu machen,
wo (vielleicht bezeichnend für den Dichter) „*De Costentin* (Manche)
*entresqu'a Rome*“ als Bezeichnung einer recht grofsen, aber doch in
Anfangs- und Endpunkt wohlbekannten Strecke auftritt. — Mehr
Gewicht dürfte z. B. auf das 14 mal erscheinende *lie* (Fem. Pron.
d. 3. Pers.) zu legen sein und auf folgende den Text charakterisic-
rende Reime: *esjot* (Perf. v. gaudere*) : *amot* (amabat) 2486. *bohordot*
(Imperf.) : *pout* (potuit) 3745. *joie* (gaudia) : *guerroie* (Imperf.) 2892.

*poise* (pęsat) : *taise* (taceat) 3038. *orendroit* : *entremet* 3749. *mes* (magis) : *ners* (nervos) 3813. *reigne* : *feme* 4086. — Ich komme auf den Text unter *ę* + *i* und *ọ* + *i* zurück.

Auch Hs. C und D des Roman de Rou, Andresen III (die Hs. aus dem 14. Jahrh.) ergeben ähnliche Schreibungen (Hs. D auch nach Andresen in der Norm. entstanden). C: *veier, veiet* (= videre, videbat) 4598. *deschaiete* 5194. *voier* (verum) : *aveir* 449. *haieent* 1207 (mit A) = *haeient.* — *choier* 1578. — D: *voiet* (videbat) 7061. [1]

Auch ·in diesen beiden Hss. ist *oi* für norm. *ei* schon ziemlich häufig, z. B. 1455. 1491 etc.; ebenso findet sich gelegentlich *-oie* als Imperfektendung der I. Konj., z. B. 1307.

Wir kommen endlich auf das in unserer Hs. an sechster Stelle stehende

Chastoiement von Pierre Alphonse zu sprechen. Es ist herausgegeben 1) von Barbazan und Méon, Fabliaux et contes des poètes français etc., Paris 1808, p. 59 ff.; 2) von der Société des bibliophiles, Paris 1824 (seconde partie). Wir haben es nur mit 2 zu thun. Der Text ist gut überliefert und steht in seinen Schreibungen unter allen Stücken der Hs. A unserem Roman am nächsten.

*veier* (videre) I, 77 : *saveier* II, 50. *veier* noch IV, 37. XI, 48. 136 : *aseir* (ad-sedere*) XX, 176. XXVII, 73. *veer* (videre) II, 33. *veeit* XX, 250. *meteit* : *treiet* XX, 194. *chaier* XXI, 109. *chaiez* (Part.) XXI, 113. *chaer* IV, 57.

Lat. *ę* in offener Silbe wird meist durch *ei* wiedergegeben: Einleitung v. 2. 10. 26. 27. 30. 42 etc. und *veir* : *poier* XIII, 122. *beneeit* ib. 245. *poeient* : *aveient* XVII, 11. *espeir* : *veir* ib. 135 etc. Öfters· durch *e*: *seet* (: *gisoit*) XIX, 30. *poer* XV, 117 etc. Aber auch durch *oi*: Einleitung v. 14. 116. I, 16. II, 117. 312 (*pooir*). VI, 7. 53. XI, 60. 349. XVIII, 102. XIX, 138 (*pois* = pęso*). II, 318 *proier* : *ennoier* braucht nicht notwendig als reicher Reim gefafst zu werden, mithin kann *oi* = *ei* nicht für den Dichter erwiesen werden; aber selbst wenn man reichen Reim annehmen wollte, so dürfte man *oi* noch nicht als gesichert betrachten, weil *ọ* +· *i* gelegentlich als *ei* erscheint, so *veil* (vọlio*) XII, 133, mithin auch *enneier* denkbar wäre.

---

[1] Hs. C weist auch zweimal *voiex* (vocem) auf 1609. 1693, das nur für ein gesprochenes *voex* stehen kann; so auch *noiex* für nuces = noix C 3116, vgl. *voex* (vocem) Rom. de la résurrection 1404.

·In dem an fünfter Stelle in unserer Hs. A stehenden Roman des Franceis (von Maistre Andreu — de Coutances? siehe Reinsch, Herrigs Archiv LXIV, 162 —), publ. von Achille Jubinal, Nouveau Recueil de Contes, Dits, Fabliaux etc., Paris 1842, Bd. II, p. 1 ff., sowie in den von Reinsch in Herrigs Archiv LXIV, 170 ff. publ. Recepten und Enseignemenz de phisique finden sich ähnliche Schreibungen nicht. — Es wird notwendig sein, die Schreibungen von Denkmälern aus den die Normandie umgebenden Gebieten zu vergleichen. Aus der B r e t a g n e ist uns ein einziges poetisches Denkmal überliefert: L e R o m a n d ' A q u i n, publ. par F. Joüon des Longrais, Nantes 1880 (Hs. aus dem Anfang des 15. Jahrh.). Dieser Roman weist unseren unter 2—4 genannten Schreibungen ähnliche nicht auf.

Von Interesse ist es, die Darstellung des alten norm. *ei* in den bretagnischen Urkunden zu betrachten.

In den A n c i e n s E v ê c h é s de la Bretagne, publ. par J. Gueslin de Bourgogne und A. de Barthélemy, wird es nämlich mit *ae* bezeichnet, wie das aus *ai* entstandene *ę*. — Ich bringe Belege für beide: Bd. III, p. 188, Schriftstück von 1296: *doaeire, douares* (dōtarium*); für *ęi: deffendeit. poeit* und *poait, vaie* (via). — p. 190, eodem anno: *borgaés* (burgęsis*), *poveaent* (potebant), *maees* (mensis = męsis*). — p. 191: *monaee* (monęta).

Bd. IV, p. 218, 1305: *Saent* (sanctus), *maesure, faete;* so auch *poaet, avoent, doloet, avoet, avoer* und *teneet.* — Man vergleiche auch *persoenes, tesmoen.*·

Das der Ille et Vilaine angehörige Livre des Maniéres hat ähnliche Schreibungen nicht, ebenso nicht die Werke Benoits von Sainte-More und die Vie des Monseig. Saint Martin de Tours von Péan Gatineau, endlich die „Südwestlichen Dialekte der Langue d'oïl" (vgl. Ewald Görlich, Heilbronn 1882, p. 38 ff.).

Ein Denkmal, das auf Grund gewisser Reime (vgl. Schulzke p. 33) ebenfalls der Touraine zugeschrieben wird: L a c l e f d ' a m o u r, publ. par Edwin Tross, Paris 1866, scheint *veier, seier* etc. als in der That gesprochene Formen erweisen zu wollen. Denn es reimt p. 10 *veier* (videre) : *proier* (precare*). Aber wenn man *preer : supleer* 29. *veer : seer* (videre : sedere) 19. *preer : veer* 29 (veer = vetare*). *veer : conreer* 92. *asseer : veer* 97. *deleer* (delatare*) : *veer* (videre). *deveer* (de-vetare*) : *preer* 114 vergleicht, so wird man leicht erkennen, daſs precare nicht mit *preier* richtig bezeichnet ist, sondern mit *preer*, d. h. das ursprünglich berechtigte *ẹi* in *prẹier* ist zu *ẹ* geworden, wie *ei* in *veeir;* damit ist *veier* auch nur als Schreibung für *veer* anzusehen (*veer* = vetare* und *veer* = videre lauten also gleich in diesem Denkmal). Man erkennt auch leicht, daſs *-eier* = -icare das Muster gegeben hat für *veier,* sobald jenes nur mehr *(pr)eer* lautete. — Wollten wir aber dieselbe Erklärung für unseren Roman du M. St. M. und das Chastoiement in Anspruch nehmen, so müſste 1) der Übergang von Vorton-*ẹi* zu *ẹ* nachgewiesen werden, 2) daſs *ie* aus *a* in urspr. *preiier* zu *e* reduziert war, und endlich, daſs dieses *e* mit dem aus *ei* (in *veeir*) erwachsenen identisch war. Für diesen Nachweis fehlen die Texte; die Vie des Thomas Helie, die wegen ihrer späten Entstehung in Betracht kommen könnte, giebt keinen Aufschluſs. Aber für *voier* und auch für *saveiet* etc. wäre, selbst wenn wir *veier* nach *preier* zu erklären vermöchten, eine Lösung noch nicht gefunden, denn man würde nicht einsehen, wie ein *proier* auf *veer* hätte Einfluſs ausüben können. *veier* und *voier* scheinen zudem von ein und demselben Gesichtspunkte aus beurteilt werden zu können, da sie 1) in der Zusammenstellung der Laute einander völlig entsprechen und 2) eine Eigentümlichkeit nur der norm. Denkmäler darstellen. Kann somit eine Erklärung für beide meines Erachtens gewonnen oder das eine aus dem anderen hergeleitet werden, so dürfte dies den Vorzug vor einer partiellen verdienen.

Wir kehren zu unserer Übersicht zurück.

Aus dem Maine-Departement besitzen wir keine Texte, aus der Perche sind mir keine zugänglich gewesen. — Der vielleicht nach Chartres (nach Herrn Prof. Gröber) gehörige Roman de la Poire, ed. v. Stehlich, Halle 1881, weist unsere Schreibungen nicht auf.

Bevor wir zur Besprechung der einschlägigen Formen in der Ile de France übergehen, sei zunächst noch bemerkt, daſs die Pikardie Schreibungen wie *voier* etc. nicht aufweist. — In der Ile de France ist lat. *ẹ* in off. Silbe zu *oi*, videre zu *vẹoir*, cadere* zu *chẹoir* geworden, vgl. Metzke, Der Dialekt von Ile de France im 13. u. 14. Jahrh. in Herrigs Archiv LXV, 62 ff. Vereinzelt findet sich *oie* = *oi* in *essoiene* M. 6.7. *poiennes* Ol. 405 (p. 68); Schreibung *oe*, z. B. in *sauvoer* Ol. 165, ist sonst selten und kann also nicht für Ile de France entscheiden. Und doch ist nach p. 66 *oi* im 13. Jahrh. in der Ile

de France ganz allgemein zu *oé* geworden (die Fälle mit dafür ent-
standenem *ę* verzeichnet Metzke p. 67), es fehlen aber Schreibungen
wie *voier* etc. (aufser den obengenannten). P. 68 Anm. führt Metzke
Briefe von Herzoginnen der Bretagne an Heinrich III. von England
aus den Jahren 1260 und 1270 an, in denen *roe* (regem), *asavoer*
(-sapére), *poent* (point), *arroet* (auroit), *voer* (voir), *savoer* (savoir) etc.
begegnen, und bemerkt dazu: „Wenn sie sich auch nicht als dem
Dialekt von Ile de France angehörig direkt nachweisen lassen, da in
beiden Briefen der Ort ihrer Abfassung nicht genannt ist, so be-
weisen sie doch, dafs in der zweiten Hälfte des 13. Jahrh. an irgend
einem Orte Frankreichs, allem Anschein nach im Westen von Ile
de France, dieses *oe* für *oi* gesprochen wurde." Ich habe *oe* = *oi*
in lokalisierten und datierten Urkunden aus dem Ende des 13. Jahrh.
in der Bretagne (oben p. 40) nachgewiesen; wir dürfen daher an-
nehmen, dafs jene Briefe von einem Bretagner geschrieben sind.

Wie sind nun Schreibung *oié* und *eié* zu erklären? Sie stehen
für ursprünglich zweisilbige (in *voier, soier, veier, seier*) wie einsilbige
Lautgruppen (*savoier, hoiers, saveier, veier* [= verum]); im ersteren
Falle bei *vëoir, sëoir, veeir, seeir*, im letzteren für -*oir*, -*eir*. — Da
höchstens *oié, eié* seiner Natur nach zweisilbig sein kann (bei unseren
Dichtern ist *eie* für *ei[r]*, *oier* für *oi*, als zweisilbige Gruppe ausge-
schlossen durch die Silbenzahl im Verse, mufs also notwendig auf
den Kopisten gehen), so mufs zur Zeit der Kopisten (Ende des
13. Jahrh.) *oie, eie* entweder eine einsilbige Gruppe (auch Diphthong)
bedeuten, also etwa *oè, eè* gesprochen, oder aber altes *saveir, veir*
(verum) in *savèèr, vèèr* zerdehnt worden sein. — Letzteres ist wohl
nicht anzunehmen, weil moderne Mundarten der Normandie, z. B.
das Bessin, kein *savèe, vèe* = saveir, veir, sondern blofs *savé, vér*
(s. Joret, Essai s. v.) haben (bei Fleury, Patois de la Hague a. a. O.
finde ich nur *savǎé* [p. 331]: Endung -*ēre* hat -*āre* Platz gemacht).
Dann aber kann in diesen Fällen *eie* nie einen Diphthong bedeutet
haben, d. h. es ist fälschlich gesetzt worden (anders in *savoier,
hoier* etc., darüber s. u.). — Oder es müfste, damit ein- und dieselbe
Bezeichnung für ursprünglich ein- und zweisilbige Formen eintreten
konnte, angenommen werden, in *veeir* (= videre) etc. sei der vor-
tonige Vokal im folgenden Tonvokal aufgegangen, d. h. *veir, seir*
(phon. *vęr, sęr*) entstanden — wofür *veir* Livre des man. 885 ge-
schrieben *vair* 751 (Kehr sieht sie als Pikardismen des Kopisten an,

also = *veïr*, p. 5), *veïr* 782 der Vie des Thomas Helie sprechen würden —. Aber heute laùtet *veeir* im Patois des Bessin *vèe* (Joret, Essai p. 13 [1]), ebenso im Patois der Hague (vgl. auch *quèe* [ = cadére] bei Joret, Essai s. v. Fleury p. 328), und diese Formen scheinen mir nur durch Accentversetzung erklärt werden zu können, die in der Hague, nach Fleury am letztgen. Orte auch in *agrèe* (agréer), *crèe* (créer), *suĕrsèe* (surseoir) etc., jedesmal nach voraufgehendem *e* eintrat, nicht aber durch die Annahme, ein schwindendes *r* habe an seiner Stelle *e* zurückgelassen, denn *r* verstummt einfach im norm. Auslaut oder bleibt als solches gesprochen. — Es mufs also auch -*eir* in *veir*, Livre des man. und Th. Helie fälschlich stehen. — Wie aber entstehen diese Irrtümer? Wir kommen damit auf -*oie* zu sprechen.

Schreibung -*oie* trafen wir hauptsächlich in ostnorm. Schriftstücken, daneben häufig das centralfranzösische *oi* für norm. *ei*. Wir sahen auch, dafs die Ile de France in der zweiten Hälfte des 13. Jahrhunderts für *õi oę* sprach, aber nur vereinzelt schrieb, dafs hingegen *oe* als Schreibung vorwiegend im Westen (Normandie und Bretagne) nachgewiesen werden kann.

Das verhältnismäfsig frühe Auftreten desselben in diesen Gebieten legt den Schlufs nahe, dafs es eine graphische Defiguration des centralfranzös. *oi* sei, der ein besonderer Laut im Munde der Normannen und Brétagner entsprach, die die centralfranzösische Mundart zu reden suchten. Vgl. Le Privilège aux Bretons, Jubinal, Jongleurs S. 52 ff., wo bretonisch-französische Aussprache karrikiert wird. Es geschah hierbei, dafs weder normannisches *ei* noch französisches *oi* zu voller Geltung kam, vielmehr die gebräuchliche normannische Endung -*ęr* (für altes -*ęir*) z. B. in den Infinitiven der II. schw. Konjugation mit dem importierten *oi* verschmolz und als Produkt ein *oę* entstand, ein Laut, den centralfranzösisches *oi* im 13. Jahrh. repräsentierte. — Dann würden sich unsere Schreibungen

---

[1] Joret bemerkt zu *vèe* (videre): „Quoique ici *ei* (in älterem *veeir*) soit devenu final par la chute de *r*, il a pris le même son long et demi ouvert que dans *vèe* (via), voilà pourquoi je l'écris de la même manière." Aber älteres *veeir* hätte *veè* (nicht *vèe*) ergeben sollen. Dafs nicht etwa ein Druckfehler vorliegt bei Joret, geht aus seinem Glossar hervor, wo *vèe* deutlich für videre steht. Auch das Patois der Hague hat ja *vèe* (Fleury). Die Entstehung des zweiten *e* ist also noch zu erklären.

etwa folgendermafsen erklären: Eügte man die alte norm. Endung
*ei(r)* hinzu, so ergaben sich *voeir* (videre), s. o. Urkunden eines Bischof
von Bayeux. *croeie* (credebam) ib. (*ei* phon. = *ę* im 13. Jahrh.).
Schrieb man der Aussprache gemäfs, so ergaben sich *savoer, avoet,
poent, roe* etc. der bret. Urk. und norm. Dkm.: Conte d'amors et
Résurrection de Jesus Christ; allgemeiner aber scheint man das
fremde Schriftzeichen (*oi*) als solches beibehalten und diesem den
westlichen tontragenden Laut (*e*) einfach hinzugefügt zu haben, daher
denn *soier, voier* etc. (phon. = *vôęr, sôęr*) und *savoier, hoiers* (hēres)
= *savôęr, hôęrs.* ·Daher denn vielleicht auch unsere unter 2 b ge-
nannten Formen *poiet, poier* etc., in denen *oi*, wie in den gleich zu
nennenden Formen von oben I, *2*, einem vermeintlichen centralfran-
zösischen *oi* = *ęi* gleichkam: p. 3: *poiez, oiez, loiez*, und die unter *4*
genannten *poieit, oieit*, die sich zu *poiet, poier* und 2 b wie *saveiet*:
*esteieit* verhalten, d. h. es wurde im Anschlufs an die Vorlage oder
in Reminiscenz an die altnorm. Endung diese hinzugefügt. Zu 2 b
möchte ich auch *Roien* 2267 (sonst *Roein* [= *Roęn*] 1428. 1504.
1564) und *oiet* (audiebat) s. u. 2 b stellen, während in der Zusammen-
stellung der Laute und darin, dafs *oie* einsilbig ist, *noiet* (noctem)
435. *oie* (hódie) 2445. *oiele* 3483. 3488. 3491 ·sich *savoier, hoiers* in
den ostnorm. Urkunden vergleichen lassen.

-*eie*- aber im Zusammenhang mit -*oie*- betrachtet, scheint nur
eine specifisch normannische Wiedergabe desselben zu sein, beeinflufst
von dem Streben, die Vorlage soweit wie möglich mit Beibehaltung
derselben Vokale wiederzugeben und doch andererseits den neuen
Verhältnissen (-*ęr*) und neuen Schreibungen (-*oier*) Rechnung zu
tragen.

Daher denn 2 b: *veier, seier, veiet, Beneiet, neies*, auch *haiet,
chaiet* (weil *ai* = *ei* für den Kopisten).

Wenn man aber *savoęt* in Nachahmung des Französischen
sprach und schrieb, so ist *saveiet, veier* (verum) nur der genaue, wenn
auch unberechtigte (s. o.) Abdruck davon. Gelegentlich tritt -*eie*-
denn auch ganz unberechtigterweise ein, so in *eiert* (erat) 81. *aiese*
587. 1709.

Einen direkten Grund für die Schreibungen unter 2 a *ie* = *a*
finden zu können, dürfte schwierig sein, beruhen sie doch wohl auch
zum Teil auf blofsen Schreibversehen, immerhin könnte man sie doch
in einen gewissen Zusammenhang mit den anderen sub 2 b—4 ge-

nannten bringen, so zwar, dafs der Kopist, der in einer Reihe von
Fällen scheinbares *ic* für *ei* eingeführt hatte (*poiet, veiet* etc.), nun
auch hinter Konsonant, zwar in wenigen Fällen, *ie* setzte, wo nur *ei*
am Platze war. Leichter wäre es, diese Schreibungen *ie = ei* zu
begreifen, wenn wir annehmen könnten, ein erster Kopist habe den
Text mit Formen auf *-oie(r)* versehen (für *-eeir*), die ein zweiter
nicht verstand und infolge dessen *ei* auch nach Konsonant umstellte.
Damit begeben wir uns aber zu weit auf das Feld der reinen Kon-
jektur.

Nach dem, was oben über die norm. Urkunden bekanntgegeben
ist, dürfen wir uns billig verwundern, dafs unser Kopist französ. *oi*
*= ei* mit so grofser Beharrlichkeit (es findet sich nur ein Beispiel,
s. o. unter 8 *gesoient*) vermeidet, hat er doch auch das Imperfekt der
I. Konj. (s. o. unter I) in einigen wenigen Fällen eingeführt. Wir
können uns dies nur aus der auf der vorigen Seite angeführten Ten-
denz, an den überlieferten normannischen Lautzeichen festzuhalten,
erklären; sind doch auch die Belege für den Übergang von *ẹi* zu *e*
nur wenig zahlreich.

Im Anschlufs an *ẹ* in offener Silbe behandeln wir:

### 14. *ẹ* + *I-Element.*

Es reimt nur mit sich und mit vorigem:

a) in der Tonsilbe: *dreit* 112. 300. 464. 514. 1529 (: *veit,
roleit*). *endreit* 256. 296 (: *deit*). *destreit* 398 (: *poiet*). *freis* 832 (: *abei-
ceis* [abc]). *otrei* : *rei* 2211. *espleit* (: *esteit*) 3574. *Beneiet* (: *saveiet*)
2103. (: *seit*) 3489.

*ẹ* + Gutt. + Kons. + Hiat-i liegt vor in *estreice* (strie-
tiat *) : *hauteice* 422. Wie unten folgt, ist *-itia* sonst zu *-ece* gewor-
den, es ist mithin unwahrscheinlich, dafs *hauteice* dieses und nicht
vielmehr *hautẹce* bedeute. *-ece* ist ja auch die regelrechte Entwickelung
(cf. Horning, Das lat. C vor e und i im Romanischen p. 30), während
die Sibilans, wenn sie *i* abgab, tönend wurde, also *-eise, -oise* entstand.

Suffix itia, icium, icia: *leece* 764. 2891. 2184. *leiece*
2364. *esleeca* 3436. *richece* 2890.

Halbgelehrt sind (nach Horning a. a. O. p. 30): *servise* : *fran-
chise* 338. 2271, ersteres noch 1315. 1329. 1685 (stets *guise*).

Suffix Icium ergab im Französ. stets nur *-iz*, es mufs daher *ī*
angenommen haben (cf. Horning a. a. O.): *plaisëiz* (Du Cange:

pleisseicium) 785 : *larriz* (larricium). *sonnëiz* (von sonné) : *acolliz* (von accollitium\*) 788. *apentiz* 2720. Abweichend der Ortsname *Genez* 1045 (Genitium), aber *Iz* ibidem (Itium) und *Saint-Liz* 1481 (Silvanectis, -nach Quicherat a. a. O.).

Unter dem Einflufs der umgebenden i-Laute wurde *ẹ* zu *i* in *païs* (pagesem\*) 541. 1457 (: *vis*). 1697. 2150, wie in *cire* (cera) 2149, wo angenommen wird, *c* habe *i* entwickelt, cera sei durch ciẹire zu cire geworden.

In einer Reihe von Fällen ist *ẹ* durch den Einflufs der umgebenden Laute auch in unserem Texte zu *i* geworden, man vergleiche zur Erklärung dieser Formen die Bemerkungen von Herrn Prof. Gröber in der R. Zs. VI, 174 ff. und Neumann, ib. VIII, 268 ff.:

*empris* 358. *espris* 1587. *pris* 1623. *quis* 1793. *porpris* 3241. *enquis* 3448 und die nach Analogie der 1. Pers. Sing. gebildeten *fist* 1179 (: *tramist*) 1469. *refist* 1535. *prist* : *conquist* 1489. *requist* : *fist* 2581.

b) Vor dem Ton, *ẹi*, vereinzelt *e(i)*, und *oi*: *espleita* 491. *apareissant* 683. *peissons* (pisciones) 468. *atreié* 1664. 2036. *otreierent* 2156. *guerreié* 1638. *despleié* 1829. *seieluns* 2277. *seilees* (l. *seielees*) 2476. *s'esfreia* (exfridare\*, vgl. G. Paris, Rom. VII, 121, exfridiare nach D. C.). *neielees* (nigellatas) 3520. *espleitie* 3566. *otrea* 1456. *otreout* 1841. *redor* (rigidorem\*) 3615. *seel* 2149. *otriout* 2388. *otrié* 2579. *poissons* 56. 336. 793.

### 15. *ẹ* vor Nasal

ist oben unter *a vor Nas.* schon besprochen worden. Ich füge hier nur noch einige Belege bei: (*Tumbeleine* :) *Eleine* 458 (Tumbellana in Urk. der A. A. S. S. O. Benedicti ed. Stiltingus, 29. Sept., Bd. VIII, p. 74). Der Dichter fafst es mit volkstümlichem Etymologisieren, Grab der Helena.

*Rin* 1529 (: *aclin*) geht auf ein germ. Rin- zurück.

Gemeinfrz. wurde *ẹ* zu *i* in *venin* 3223.

Vortonig findet sich *e* in *pené* (von poena\*) 1590.

### 16. *ẹ* + *ĩ*

reimt nur mit sich: *conseil* : *appareil* 226.

Vortonig findet sich *conseillie* 262. *apareillie* 648. 3379. *veilla* 3335; einmal *aparellie* 874.

## 17. $\varrho + \tilde{n}$

findet sich im Reime nicht, einmal aufserhalb in *seign* 2423 (signum). Vortonig in *segnorie* 37. *seignor* 39. 690. 2436. *segnor* 1304. 2214. Auch in *Seigne* (Sequana) 1387.

### 18. *$\varrho$ in geschlossener Silbe vor Nasal*

ist mit $\varrho$ + *Nas.* + *Kons.* zusammengefallen, ich führe daher die Belege für $\varrho$ + *Nas.* + *Kons.* mit an.

*apertement* 9. 21. 371. *novelement* 13. *trovement* 22. *gent* : *sovent* 78. *comment* 91. *ensement* 175. 569. 576. *premierement* 176. *vendre* : *tendre* 796. *harens* (ahd. harinc) : *tens* (tempus 472. *tens* : *pens* (pēnso) 480. : *sens* 1182. 1428. *sen* : *amen* ($\mathring{d}\mu\eta\nu$) 1086. *provende* : *enmende* 2166. — *pens* : *ancieins* 3753 (zu diesem Reimpaar vgl. das oben unter I, *5* Bemerkte).

Dafs $\varrho n$ + *Kons.* ($\varrho n$ + *Kons.*) scharf von *an* + *Kons.* getrennt ist, ist oben (I, *11*) bemerkt worden, es findet sich in der That kein Fall von Mischung. Jedoch ist in einigen Fällen wie im Gemeinfrz. $eN$ zu $aN$ geworden: *fame* (femina) 79. 928. 2985. 3534. 3651. 3669. *langages* 833. *sine* + paragog. *s* erscheint als *sanz* 2722. 3713, als *seinz* (= *sęnz*) 199. 2306; — sie finden sich nicht im Reime.

Dafs der Kopist die Nasalierung des $\varrho$ vor *n* und Übergang zu *a* kennt, ist oben unter vorton. *a* schon bemerkt worden, geht aber auch aus folgenden Belegen hervor: *estandre* 1286 (aber *estendre* 3617). *angieg* (ingenium) 3272 (aber *engien* häufig). *anviron* 3237 (neben *environ* 3295. *encerchier* 3330).

### 19. *$\varrho$ in geschlossener Silbe vor anderen Kons. als Nas.*

*vaslez* : *sonnez* 762. *arcevesque* : *evesque* 1012. 2267. 2401. *espeisse* : *messe* 1312. *cesse* (: *opresse*) 1459. *vilete* : *petite* (l. petitete) 264. *chassete* : *boistete* 2741. *pierrete* : *petitete* 2877. *boclete* : *petitete* 3525. *loetes* : *petites* (l. petitetes) 3707.

Aufserhalb des Reimes: *clers* 25. *vergé* (virge) 138. *metre* 252. *fel* (fillon, ahd.) 296. *cherche* 344.[1] *oiselet* 778. *pastez* 793. *mesle*

---

[1] *cherche*, bei Du Cange circa (3): „Die Runde“, die der wachhabende Klosterbruder gehen mufste, später die Örtlichkeit, wo die Runde stattzufinden pflegte. Le Héricher führte es fälschlich auf circata zurück (Mém. XXIV, 82).

(misculat\*) 838. *cresmes* 841. *enfers* (infirmos) 941. 948. *meesme* 1049. (*meïsmes* 1267). *messe* 1099. *treble* (triplum) 1093. *ferme* 1532. *ensommet* 1629. *ensummet* 1456. *lestres* 1836 (litteras). *estenceles* 2797. *chevels* 3131. 3370. 3382. *seche* 3642 etc.

*seis* (siccus) 370. *meisse* (missa) 1090, vgl. noch *hauteice* 421.

Wie aus diesen Belegen hervorgeht, ist ẹ in geschlossener Silbe allgemein durch *e*, in wenigen Fällen durch *ei* (wie auch ẹ gedeckt, s. u.) wiedergegeben. Der Schreiber sprach ẹ wie ẹ ged. als ẹ und bezeichnete sie mitunter mit *ei*, wie z. B. in *ancieins* (: *pens*), *seinz* = sine + s etc. Daſs *ei* für ẹ in geschlossener Silbe nicht auf den Dichter zurückgeht, läſst sich zwar aus den Reimen nicht direkt erweisen, ist aber nicht wahrscheinlich, weil die heutige normannische Sprache eine derartige Entwickelung nicht kennt (s. Joret, Essai 13, Fleury a. a. O. 296). Ein Fall der Mischung von ẹ *ged.* und ẹ *ged.* im Reime (*cesse* von cẹssat? nach Marx' Hilfsbüchlein, dagegen oppṛssat; der Fall ist freilich nicht sicher) spricht vielleicht nicht sicher für Übergang von ẹ *ged.* zu ẹ in des Dichters Sprache; daſs diese Mischung vereinzelt ist, darf bei unserem Dichter kaum so ausgelegt werden, daſs sonst ẹ und ẹ ged. noch geschieden seien, denn einmal ist Guill. de Saint-Paier kein Reimkünstler, scheut er doch nicht identische Reime, vgl. v. 2806 (*n'unt* : *unt* = habunt\*), sucht Reime fürs Auge, meidet verschieden geschriebene, aber gleichklingende Lautgruppen im Reime zu binden, und ist daher auf eine recht beschränkte Zahl von Wörtern angewiesen; zum anderen ist doch ẹ *und* ẹ ged. *vor Nas.* schon zusammengefallen, während der folgende Nasal einen vorausgehenden Laut gerne zum geschlossenen werden läſst oder ihn als solchen erhält.

Für Trennung von ẹ *ged.* und ẹ *ged.* spräche höchstens der Umstand, daſs -*illus* und -*ellus* noch nicht zusammen reimen. S. u. *24.*

Kurz erwähnt seien hier noch die Demonstrativpronomina *ille*, *ecce ille* und *ecce iste.* Zu der verschiedenen Entwickelung des Ton-*i* resp. ẹ, je nachdem ein folgendes *e* (*i*) Umlaut bewirkt oder nicht, vgl. man Prof. Gröber, R. Zs. VI, 174 ff., und dazu Neumann, R. Zs. VIII, 262 ff.

ecce ille: Sing. Nom. *il* 36. 43. 83. 115. 142. 188. 190 etc. auch in *oïl* 303. illa: *ele* geschrieben, aber *el* vom Dichter gesprochen 410, *el* gesehr. und gespr. 929. 933. 2430. 2991. 2997. 3006. 3432. — 3016 ergänzt Michel des Versmaſses wegen *s'ele,* man kann aber

ebenso gut *ne* ergänzen. — (in) illo: *el* 19. 67 etc. (in) illos: *es* 479.
*els* 617. 1712. *elz* 1492. (de) illo: *del* 23. 117 etc. (de) illis: *dels*
71. 256. 295 etc. — *cil* N. Sg. 20. 210 etc. — *cel* obl. Sg. 39. 89.
224. 403 (für *cil*, ebenso 1982) = ecce illud, d. h. ecce illum* 348.
1799. 1898. — *cil* N. Pl. 5. 6. 533. 538 etc. — *cels* obl. Pl. 10. 509.
586. 706 etc. *celz* 27. *chels* 1057. *chez* 901. *cez* 908 (ecce istos *?). —
N. Sg. obl. *cele* 255. 358 etc. *cel* 949. — Obl. Sg. *icel* 54. 412.
1940 etc. — ecce isti Vok. (N. Sg.): *cist* 1293. 1300. — Obl. Sg.
*cest* 18. 168. 414 etc. — Pl. obl. *cez* 2342. — Sg. fem. *ceste* 813.
1522. — Pl. fem. *cez* 913. 2555. 3332. 3373. 3437. *cesz* 2798. —
Neutrum *cest* 426. 489. 1369. *celui* 3364. *cestui* 1293.

### 20. *ę in der vortonigen Silbe*

bleibt meist als *e* erhalten, die Schreibung *ei* tritt auch hier ein vor
palatisierte Kons. und *r*.

Vor Kons.: *message* 523. *vertu* 550. *meteit* 1644. *chescuns*
1125 (aber *chascuns* 1092). *conferma* 1812. *evesquié* 2056. *crestez*
3221. *encerchier* 3330. *merveille* 3308. *espessement* 1255. 1651, aber
*espeicement* 3011. *espeissement* 759. *cresseit* 2880. *veirreit* 201, aber
*recrerrunt* 3667. — Vor einf. Kons.: *entesout* (intensabat) 1438.
*aserant* 2584 (von *serus*). *menez* 568. *feni* 1007, aber analogisch
*beiveit* 2167. Der echte Diphthong *ei* liegt vor in *anceisor* 411. *da-
meisele* 1485.

Im primären Hiat stehendes ę: *enveiout* 383. *enveier*
512. 800. 806. *enveiez* 1677. 1815; aber *enveast* 500. *enveout* 1836.
*flambeiant* 896. *desveast* 1261 („vom Wege abkommen"). Das ge-
lehrte *devie* („gestorben") 2812. 3537. *veiage* 3101. *reflambeiant* 3328.
Gelehrt ist auch *moniage* 1541.

Im sekundären Hiat stehendes ę: *seielle* 517. 1801.
*feelment, lealment* 2173. *mescreant* 3465. — *vëu* 2334. *crëue* 3570.
*assëurez* 3288. *raïne* (regina) 2597. *reail* 2276. — *decëuz* 182. 190.
*arestëu* 951. *jëu* 1479. *lëust* 1582. nebula : *nëule* 3572, mit Synkope
des Vortonvokals: *nule* 2919. regula : *rëule* oder *revle* 2104. *jëungent*
(dreisilbig) 3260. *jeuna* 3262, aber *junement* 2078. *juna* 2582, cf.
hierüber G. Paris, Rom. V, 159. 395. — Nach Neumann, R. Zs.
VIII, 379 sind dagegen aufzufassen: *durent* 578. 1203 (: *furent*).
*esturent* 577. *dut* 674. 2049. *jut* 460. *recurent* (: *furent*) 1670. 2337,
als nach *dui* gebildete Formen.

## III. Vulgärlat. ę (klass. ĕ, ae).

### 21. ę in betonter, offener Silbe

wird zu *ié*, reimt zu *ie* aus *a* (nach dem Bartschschen Gesetz), so 164. 171. 1495. 2358. 2420 etc.

*ię* ist gesichert in *bien* : *Simphoriein*, verglichen mit *ancieins* : *pęns* : *tens*, s. o. unter *18*.

*fiere* 138. 1237 (*fęrat**). *grief* 171. 1991. *brief* 520. 1803. *lie* (lætum) 647. 2772. 2914. *piez* (pędes) 682. 800. *entiers* (intérum* = intégrum*) 1068. *mollier* (muliérem) 2358. *sié* (sędem) 2420. *ciels* 164. 1040. 2229. 2522. *arriere* 137. 344. 1282.

*bien* 68. 1023. 496. 626 etc. *rien* 495. 625. 1143. 1431. — *mien* 1023.

*Dé* (obliquer Kasus von Deus in der abgekürzten Form) sowie *ert, erent* aus erat, erant reimen zu *e* aus *a* in off. Silbe, v. o. s. I, 1. Das regelrechte *Deu* aus Deum: 97. 567. 1847. 1939. 1975 etc. stets zu *leu* aus locus im Reime.

*ert* (= erat) : *Autbert* 153. 177 (dieses zu *cęrt, covęrt* etc.) und zu *apeirt* (apparet) 317.

Das richtige *ert* findet sich 33 mal, dafür *ęirt* 24, *iert* 16, *eiert* einmal geschrieben. — *iert*, das sonst, z. B. im Alexius, für *ęrit* steht, findet sich nicht, dafür *ert* 166. — Daſs der Dichter nicht *iert, ierent* gesprochen hat, geht aus dem Mangel an Reimen zu *ie* aus *a* hervor; während *ierent* reimt mit *demandeirent* 586, finden wir es nie etwa mit *atachierent* reimen, auch nicht *iert* etwa mit einem *requiert* (requærit). *eirt, eirent* muſs auch nur dem Kopisten und für diesen nur Schreibung für *e* sein, denn es liegt kein Grund vor, eine Entwickelung von *ę* ged. zu *ei* anzunehmen. Der moderne normann. Dialekt kennt wenigstens keinerlei solche Formen, oder etwa von *ei* abzuleitende Weiterbildungen.

Zu den bereits genannten Belegen für *ie* = *ę* in off. Silbe füge ich aus dem Versinnern noch folgende hinzu: *rien* 524. 1306. *vienent* 572. 1304. 2800. *crient* 1405. *deviengent* 1879. *tienent* 2084, aber *teigent* 1059. *mien* 2806.

*piez* 577. *siecle* 718. 1210. *griet* 2078. *lieve* 1790. *fiertre* 1339 (fĕrĕtrum D. C.) = *fieltre* 2709. *vielx* 1503, aber *vel* 1873.

Zu *teigent* ist zu bemerken: abzuleiten von *tĕniant** steht es wohl für *teingent* = *tiengent;* vgl. dazu Livre des man. *tienge* =

teniat* 447. 596. 1251 etc. und dazu Willenberg, Histor. Unter-
suchung über den Konjunktiv etc. (in den Rom. Stud. III, 385 ff.).
*teigent* = *tẹgent* verhielte sich wie *vel, moster* = *viel* und *mostiẹr* (zu
letzterem s. u.).

Vortonig bleibt *ẹ* als solches erhalten in *derraien* 858. *Perron*
1191. 1309, aber nach dem Simplex *ie* in *pierrete* 2876.

Da die Frage: wie hat sich **ẹ + I - E l e m e n t** im Rom. du M.
St. M. gestaltet, im engsten Zusammenhang steht mit der Gestaltung
des *ọ + i*, zudem von verschiedenen Seiten Besprechungen schon
erfahren hat, so erachte ich es für zweckmäfsig, die beiden Laut-
gruppen m. E. zu besprechen, und zwar unter *ọ + i*, da einige an-
dere Lauterscheinungen zuvor betrachtet werden müssen. — Ich gehe
somit über zu

## 22. Suffix ẹrius* (s. o. unter I, 6) und ẹrium.

*ovriers* 395. *messagiers* 655. *destrier : sommier* 772. *marruglier*
(matricularius) 876. *milliers* (: *entiers*) 1067. 1406. *biere* (= baria*
= bara, ahd.) 1281. *riviere : pleniere* 1740. Zu diesem aus *arium,
ẹrium** reimt das aus urspr. *ẹrium* entstandene. *-ier* häufig. Belege
für letzteres: *mestier : autrier* 118. *mestier* noch 348. 1090 etc. *mostier*
333. 396. 663 etc., einmal *moster* 2992 aufserhalb des Reimes an
einer fehlerhaften Stelle, vgl. die Kehrs Diss. angehängten Thesen.

*matiere* 490. *maniere* 183, aber gelehrt *misere* 1616. Zwei Reime
geben uns Aufschlufs über *ie* in der Endung *-iere* (= aria, ẹria*
und erium): *trifiere : ivoire* 1233 und *bautestiere : moire* (mọriat)
1462. Dafs diese Reime *-iẹre* bedingen s. u. *ọ + i*.

## 23. ẹ in geschlossener Silbe.

*quaier* (quaternum) : *Païer* (Paternum) 18.[1] *Aulbert : cert* 178.
(: *ert*) 153. : *sert* 1367. : *covert* 1957. *terre : guerre* 446. *forest* (: *pest*

---

[1] Zu v. 18. Hs. B hat als Reimworte: *Paer* (Paternum) : *paer* —
der zweite Vers lautet hier: *Jesus-Christ l'en voille paer* — (pagare ital. =
frz. payer). *Païer* der Hs. A = *Paer* B geht auf Paternum zurück, siehe
Leopold Delisle: Robert de Torigny II, 262. 271. 305, und unsere Ein-
leitung. Die Etymologie *quaier* = quaternum wird durch unseren Reim
gestützt. Zu *paer* der Hs. B vergleiche man *paer* (pagare), *paex* (pagati)
in der oben genannten Urkunde des Bailli des Cotentin Bibl. d. l'École

= paskit\*) 448. *querre* : *terre* 592. 650. 1408. 1676. — *forex* : *deserz*
726. *desert* : *apert* 1156. *feste* : *tempeste* 1300. ' : *teste* 1356. *destre* :
*estre* 1352. *apresse* (: *cesse*) 1459. Es reimt somit ę ged. : ai ged. :
ę ged.

Schreibung *ei* = ę ged. findet sich nicht im Reime, wohl aber
aufserhalb desselben:

*seitante* 1294 (septuaginta). *seit* (septem) 334. 438. 727. 1068—9.
1121. 1294. *veirs* (versus) 13. *Robeirt* 19. *empreis* 215 (impręssum\*).
*reist* 1276 (es ist wohl r'eirt zu lesen). *receit* 1395.

*e* regelrecht in *textes* 892. *diverses* 942. *herbes* 972. *pesme* 1550.
*precept* 2274. *fenestre* 2792 etc. etc.

Gemeinfranzösisch sind *tierce*, *niece*, ersteres 180. 453, letzteres
463. *tierz* 2690.

Vortonig: *piechei* 3093, aber *pechié* 393. *fievrous* 943, nach
fievre. *feivrous* 1169. *eisteust* (von estoveir) 87.

Ich vermag in den Belegen mit *ei* blofs Schreibungen zu sehen,
einmal sind die Belege für *e* weitaus überwiegend und zweitens kennen
wenigstens zwei westnorm. Mundarten heute nur *e* für urspr. ę ged.
(s. Joret, Essai p. 13; Fleury a. a. O. 296). Für sich betrachten wir:

## 24. Suffix -ęllus, -ęlla, -ęllum.

*Tombel* : *bel* 320. *chapele* : *bele* 416. 1050. 2973. *noveles* :
*beles* 744. *chapele* : *novele* 1196. *chancel* : *bel* 1320. *dameisele* : *bele*
1486.

Vor l + flexivischem s tritt Brechung zu *ea* ein: *chasteals* :
*beals* 722. *fresteals* : *chalemeals* 782. *chasteals* : *tropeals* 1398.

Aufserhalb des Reimes finden sich: *capele* 63. *chapele* 2883. *beles*
64. 2352. 3195. Obl. Sg. *beal* 701, *beals* 770 statt *bel* 2995. Um-
gekehrt *bel* 1488 statt *beaus* 1880. Adv. *bel* 2883. *manteals* 914.
*anel* 2277. *bocheal* 2452. *oisel* 3218. *novel* 3401.

Reime von *el* = ellus : *el* = illus finden sich nicht, und dies

---

des Chartes, II Serie, Bd. I, p. 191. *i* ist in *Paier* nicht berechtigt, ebenso
nicht in *quaier*, während *paer* = pagare verglichen mit frz. payer falsch
zu sein scheint. Immerhin ist eine dialektische Entwickelung mit Ausfall
des g denkbar und scheint gestützt durch *paer*, *paez* der Urkunde. Dann
mufs aber *Paier* und *quaier* etwa zu *chaier*, s. o. unter ę in off. Silbe,
gestellt und in ähnlicher Weise erklärt werden.

scheint zu beweisen, daß sie in der That verschieden lauteten, denn
*el* = illus findet sich wohl, aber nur mit sich gereimt in *cels* : *els*
614. Heute sind sie denn auch ganz verschieden, z. B. im Bessin
(Joret, Essai 31) und in der Hague (Fleury a. a. O. 323). — *-ellus*
(*-m*) ergab *é*, *ellos iâ* neben *io, iô* (Avranchin) vgl. Joret, Caractères
p. 111 ff. Die Entwickelung scheint folgende gewesen zu sein: Die
obl. Form des Singulars, z. B. *bel*, ergab mit Verstummung des *l bé*,
und diese Form wurde für den ganzen Singular gültig, *-eals* des
Plur. ergab nach dem Schwund des *l* vor *s* oder nach der Verstum-
mung des *s* und derjenigen des sekundär in den Auslaut getretenen *l*:
*ea* resp. *ia*. *io* aber muß auf *-eals* mit Vokalisierung des *l*: *eaus*,
und Reduktion des *au* zu *o* beruhen. Die Pluralform verdrängte die
Singularform, oder die io-Form bildete sich vor Kons.-Anlaut aus,
vgl. frz. bel, beau, beaux. — Die in unserem Text auftretenden For-
men scheinen eher Vorläufer für *é, ea* als für *io, iô* zu sein, da die
Vokalisierung des *l* nicht graphisch belegt ist (mit einer Ausnahme),
doch ist auf letzteres wohl nicht viel Gewicht zu legen, da der Dichter
doch schon *l* = *u* vor Kons. kennt. S. o. *a* + *l* + *Kons.*

### 25. *ę in der vortonigen Silbe.*

1) **Vor Vok.**: *seieit* (sedebat) 66. *obeïsseit* 2051. *eie* (ætatem)
2245. 2261. *leece* 764. 2891. *leiece* 2363. *veiee* (vętata* für vetita)
3091. Das gelehrte *criator* 3758 (crĕator).

2) **Vor Kons.**: *solzlevant* 314. *quereit* 1364. *parvenu* 2033.
*cremu* 3311 (v. criendre). *requiereit* 1806. 1809. 3024.

Die mit *-mente* gebildeten Adverbien behalten in ihrem Stamme
den unter dem Ton entstandenen Laut bei: *briement* 386. 870 (zwei-
silbig). *griement* 1136. *liement* (stets dreisilbig, daher und weil *iee*
nicht = *ie*) *lieement* zu lesen 573. 963. 977 etc.

*o* entstand vor Labialis in *proveire* 122; *a* in *pardon* 1008. *par-
donnast* 3139. *parchemin* 1850. *parvenu* 2033. *acraventa* 2593. 3020.

### IV. Vulgärlat. ī (klass.-lat. ĭ).

### 26. *ī in der Tonsilbe.*

Es blieb stets erhalten, Belege zahlreich; ich führe folgende an:
*escrit* : *dit* 26. *vie* : *Normendie* 31. *livre* 71. *chemin* 93. 203. *vit* 129.

*parëis* 165. *ermites* : *merites* 183. *dist* : *venist* 269. *avis* : *pensis* 351.
*failiz* 515. *fi* : *merci* 921 etc. etc.

Suffix *ĭcium*, das vulgärlat. *īcium* wurde, s. o. bei *14*.

Das nur in der Zusammensetzung mit *tox* erscheinende *dis* =
*toxdis* („immer“) hat sich mit *ī* entwickelt, wie das gleichbedeutende
*die* afrz., und findet sich z. B. 166. 854. 1175. 1946 etc.

Suffix *ĭnium*, gemeinrom. *īnium* (Diez, Gramm. II, 338) steht
z. B. in *larrecin* 203.

Über *Rin* 1529, als auf *-īnu(s)* zurückgehend, s. o. *15*.

*i* = lat. *ī* reimt nur zu sich und *i* in *ui* (aus ǫ + i̯ und ū + i),
nicht zu dem Produkt aus ẹ + *i*, da dieses nicht *i* ergiebt (s. ǫ + ·*i*
und ẹ + *i*).

*i* : *ui* z. B.: *petit* : *tuit* 788. *vit* : *cuit* 922. *senti* : *lui* 2604.

Die auch bei Wace, Rom. de Rou, cf. Andresen III, 495 und
im Chevalier as deus espées, cf. Förster cap. XXXVII vorkommende
Bezeichnung eines *ī* durch *ie* findet sich in unserem Texte einmal
im Reim: *venir* : *fuier* (fugire\*, vielleicht Verwechselung mit *fuier*
= fugare) 2611; aufserhalb des Reimes in *vielment* 1718 (von vīlis),
aber richtig *vilment* 2958. *dierre* 411 (dīcere). Ähnlich *i* in *destruiete*
1423. Auch vortonig *essieliez* (zu eissil) 3246. Die Annahme, dafs
der Kopist für „ẹ + *i*“ *i* gesprochen habe und das in seiner Vor-
lage dafür stehende *ie* nicht verstanden und damit auch fälschlich
auf andere Fälle, solche mit urspr. *ī*, übertragen habe, liegt nahe.
Aber damit kommen wir im Rom. du M. St. M. nicht durch, denn
umgekehrt steht auch *i* in *irre* neben *ierre* und *eirre* für iter (s. ǫ.
ẹ in off. Silbe), und doch kennt keine Mundart Frankreichs den Ein-
tritt von *i* für ẹ; die Annahme von umgekehrten Schreibungen reicht
also nicht aus. — *fuier* und *destruiete* liefsen sich vielleicht in Zu-
sammenhang setzen mit Schreibung *poier, Roien*, man vergleiche auch
*vuiel* 2375 u. s. ǫ + *i*, wenn man annähme, der Kopist habe *ui* als
im Wechsel mit *oi* stehend empfunden und es demgemäfs mit *uie*
= o͞ie wie oben bezeichnet; und diese Bezeichnung nach Vokal
müfste dann wieder übertragen sein auf *i* vor Kons., wie oben in
*espier* = espeir etc. — Bei einem Kopisten, dem ein *venuee, creuee*,
dem *esteieit*, ein *sient* = *seint* etc. möglich sind, dürfen unsere Schrei-
bungen *ie* = *ī* nicht auffallen. So schreibt er auch *sies* 2380 =
*seis* 1184 = *ses* 1189 = *sis* 2177. 2439 (Konj. Possessivpron.
3. Pers.).

### 27. Vortoniges i

blieb meist erhalten; durch Dissimilation wurde es zu *e* in *fenirai* 27.

Lat. *si* findet sich als *si* 788. 1989, als *se* 1023. 1570. 2193, als *s'* 1992.

## V. Vulgärlat. $\varrho$ (= klassisch-lat. $\bar{o}$, *ü*).

### 28. Betontes $\varrho$ in offener Silbe bleibt $\varrho$.

*seignor* 39. 690. 1304. *ennor* (honōrem) 40. 1303. *anceisor* 411. 2213. *amor* 689. 2083. *traïtor* 935. *pastor* 1257. *graignors : plors* (Vbsubst. v. plorare, vgl. *plors,* Wace, Rou 10 141) 1292. *dolor* 2368. *desenor* 2786. *valor* 3146 etc. Aufserhalb des Reimes: *lor* (illorum) 5. 76. 83 etc. *lors* 914. *plusors* 8 (*plusor* 70). *por* (= pro) 9. 14. 105. *encore* 24. 180. *or* 27. 53. 107. *ore* 56. 59. *hore* 2904. *sol* (solum) 303. 323. *soe* (sua) 409. 2284. *soies* (suas) 3338. *amor* 409. *seignors* 593. *dolcor* 612. *pecheors* 651. *roge* (rubeus) 661, daneben das fehlerhafte *roez* 877. *sore* (supra) 2327.

Vor s: *lous* (lupus) 93. 125, und auslautend: obl. *lou* 110. *fievrous* 943, aber *feivros* 1169. *perechous* 1685. *joious* 1813. *vo* (= *vos*) 2281. *prouz* (prōde + s) 2361. 3322. *proudhomme* 248, aber *prosdons* 3665.

Vor Labialis: ubi: *ou* 154. 156. 201. *od* 847. *donc* = *d'ou* 609. *oittouvres* 1120. *jouvres* 1642 = *joenvres* 1461 (cf. Archiv für lat. Lexikographie II, 425).

$\varrho$ in offener Silbe reimt nur noch zu $\varrho$ in geschlossener Silbe, so 411. 935. 1257. 2083. 2365.

Vor *s* ist es auch im Reime meist *ou* geschrieben: *glorious : mervellous* 48. *orgellous* (: *vos*) 1763. *fievrous* (: *vos*) 943. *escherdous : habundous* 3221. *curious : dotous* 3334. *merveillous* (: *vos*) 3648.

Für die Beurteilung des *ou* vor *s* sind wichtig die Reime: *plusors : vos* 708. *secors : estros* 3607 (neben *angoissous : estrous* 1186).

*ou* tritt auch im Livre des man. (vgl. Kehr § 16) auf vor *s;* Kehr sieht es p. 16 und 49 als dem Kopisten angehörig an, wohl mit Recht, denn auch in unserem Roman geht *ou* vor *s* auch nur auf den Kopisten zurück. Aufser in den obigen Reimen *plusors : vos* ist *r* vor Kons. nachweislich vom Dichter nicht mehr oder schwach artikuliert in *melage* : *large* 2447. *forez* : *deserz* 726. Damit trat *o* in *plusors* unter dieselben Bedingungen, die sonst vor einfachem *s* ein *ou* herbeiführten; man könnte also *plusors* = *plusous* auffassen; allein die Verstummung des *r* müfste einerseits schon längst vollzogen sein, und dann wäre kein Grund mehr vorhanden, es zu schreiben, andererseits würde man dann Schreibungen wie *plusours, secours* erwarten dürfen, oder eine Reimbindung zu *duos* = d*o*us. Endlich ist zu bedenken, dafs Wace durchaus nur *ǫ* hat vor *s*. Diese Gründe machen es wahrscheinlich, dafs *ǫ* in *plusors* u. ä. noch intakt ist beim Dichter, und damit mufs auch Schreibung *ou* vor einfachem *s* auf Rechnung des Kopisten gesetzt werden.

Reim *demore* : *secore* 108 sichert den gemeinfranzös. Übergang von *ǫ* : *ǫ* in *demorer* auch für unseren Dichter.

Für sich betrachten wir den obliquen Kasus der Zahl 2 = lat. düōs (wobei zu bemerken, dafs die fem. Form düas aufgegeben ist zu Gunsten von düōs): *dous* 500. 1488. 1807. 1927. 1929. 2686. 3076, einmal *dos* 1068 und einmal *deus* 3004. *dous* statt *does:* 436. 441. 451 (*does* einzuführen verbietet die Silbenzahl), einmal *doud* 480. ambeduos: *andous* 1759. *andeus* 3079.

*u* für *ǫ* findet sich einmal (*mult* 1729) in der Tonsilbe geschrieben, und es ist bemerkenswert, dafs unser kontinentalnorm. Text hierin sich so rein darstellt. Dasselbe kann für die Hss. des Roman de Rou von Fol. 258ᵛ ab behauptet werden, s. Andresen, Rom. de Rou III, 498 (er glaubt noch, *u* sei die regelrechte Entsprechung im Norm. für lat. *ǫ*); für das Livre des man. ist es von Kehr § 16 festgestellt worden; es ist mir die Schreibung mit *u* auch nicht in den normann. Urkunden, in der Résurrection de Jésus-Christ, dem Conte d'amors, Thomas Helie und den anderen oben genannten Denkmälern der Normandie begegnet.

Anders verhält es sich mit

### 29. *ǫ* vor einfachem Nasal.

Es wird meist mit *o*, doch auch mit *u* bezeichnet und reimt nur noch mit dem aus *a* + *ų* erwachsenen *o* in der Endung der 1. Pers. Plur. Der Wechsel mit *u* bezeichnet wohl ein nasales *ǫ*.

*non* 33. 81. 453. *don* 34. *religion* 41. 1430. 1955. *region* 42. *toison* : *luison* (legimus) 380. *genoillons* : *oreisons* 576. 827. 3559. *environ* : *bandon* 728. *barons* : *Bretons* 752 etc. *lecon* : *Iudicum* 388.

*digression* : *volum* 418. *baston* : *savum* 836. *Incarnatium* : *retrovum* 1070. *traïson* : *leison* (legimus) 1554. 1956. *Bevrum* (vgl. Mém. XVII, 371, auch *Beurron, Beuron* flumen): *envirum* 2455. *larruns* : *maisons* 2723. *facon* : *champiun* 3517.

Auf 113 Fälle für *o* vor *Nas.* entfallen 13 mit *u*; *ǫ* + *Nas.* in Eigennamen wird meist mit *-un* bezeichnet: so *Neirun* 2452 (vgl. Mém. XIV, 62). *Bevrum* 2454 (vgl. oben). *Versum* : *Obdun* 2459 (Mém. XI, 34: Richard II. v. d. Normandie gab die Stadt *Versun* dem Kloster des Mont Saint-Michel zum Geschenk: „In comitatu Bajocensi villam quæ dicitur Versum super fluvium qui vocatur Odon“).

Dafs *u (ǫ)* vor *n* nicht ovalen Laut mehr hatte, geht aus dem Wechsel des m mit n im Auslaute hervor.

Aus dem Versinnern mögen noch folgende Belege beigefügt werden:

Das konjunktive Possessivpronomen (m[e]um etc.): *mon* 28. *mun* 2347. 2507. *ton* 364. *son* 14. 16. 132. 173. *sun* 644. *sum* 2592.

*cum* 23. 99. 140. 192. 350 etc. neben zweisilb. *comme* 382. 399, einsilbigem: 600. 1375. *con* 420. *com* 480. 1373. 1461. *cume* (zweisilbig) 2516. *non* (nomen) 17. 163. 174. Plur. *nuns* 3448. *macons* 391. *Ardeoum* (heute *Ardevon*, Ortschaft bei Avranches) 482. *sablum* 882. *compaignun* 3666.

### 30. *ǫ gedeckt vor Nasal.*

*ǫ* in derselben Stellung wurde ebenfalls zu *ǫ Nas.*, bezeichnet mit *o* und *u*; ich bringe die Belege für beide: *munt* 1. 15. *Quokelunde* : *munde* 52. *roünt* : *mont* 62. *mont* : *sunt* 986. 1072. *amont* : *pont* 1388. *front* : *rount* 198. *honte* : *conte* (cǫmitem) 462. *semunt* : *munt* 3383.

Reime mit dem aus *a* + *u̯* erwachsenen *ǫ* s. o. unter I, 6 b. Häufigere Schreibung ist auch hier *o* für *ǫ* ged.

Belege aus dem Versinnern: *resunt* 25. *dum* (de unde*) 36 = *don* 52. 118. 138 = *dom* 1042 = *dunt* 3503. *donc* (dönique) 208. *dunc* 57. 63. 116. 954. *idonc* 755. *lonc* 38. 276. *mont* 64. 66. 89. 160. 201 etc. *munt* 778. *numbre* 71. 1066. hominem, homines: *home* 143. *homme* 2556. 2669. '— *hommes* 1469. 3225. 3434. *homme* 1655. *homes* 398. '— *amunt* 486. 1389. *soron* (secundum) 1085. *hunte* 1402, *assummeit* 1414 = *ensommet* 1456. *quicumques* 3018. *Tumbe* 3410. *unde* (unda) 3624. Schreibung im Reime und aufserhalb desselben ist also dieselbe.

Vortonig erscheint ǫ *ged.* (ǫ *ged.*) ebenfalls als *o* und *u: congie* 328. 668. 698. *junchier* 341. *junchié* 797. *jonchier* 343. *conteis* (computatis) 628. *roncin* 772. *gomfanon* 895. *conseil* 1429. *fundée* 2885. *nummer* 3212.

### 31. ǫ *ged. vor anderer Kons.*

bleibt erhalten und wird streng geschieden von ǫ gedeckt: *secore* (: *demore* = demǫrat\*) 107. *entor : refector* 346. *crote : tote* 400. *jor* (: *anceisor*) 411. (: *pastor*) 1258. (: *seignor*) 2365. (: *criator*) 3759. *tot : mot* (muttum\*) 646. 3749. *mot : trestot* 1774. *tor : jor* 1332. *sort : secort* 1596. *entor* (: *redor*) 3615.

Einmal *ou: goutte : doute* 3619 (vgl. vortonig: *dotot* 3325. *doter* 3352. *dotose* 3534.

*mot* (aus muttum), das sonst gemeinfranzösisch als *mǫt* sich findet (vgl. zu dem Wort: Mall, Comput 51, und Böhm. Romanische Studien III, 454), hat auch bei Estienne de Fougères ǫ (Kehr p. 49).

Aufserhalb des Reimes findet sich *ou* häufiger; für den Dichter ist es nicht erweislich.

*molz* 1. 2. 14. 30. 32. 130. *molt* 48. 97. 101. 103. 241. *mult* 1729. tuttus\*, tutta\*, tuttum\*: N. Sing. masc. *tout* 324. 340. 1326. Acc. 1394. 2532. Pl. *toz* 50. 66. *touz* 892. 1242. — Fem. Sing. *tote* 12. 42. 341. 342. 478. 2447. Pl. *toutes* 1864. Adv. *tot* 205. 300. *tout* 476. *trestoz* (Nom. Sing.) 352. 370. Acc. *trestot* 357. *trestout* 2395. Adv. 346.

*dejoste* 49. *desoz* 317. 918. 1231. *jor* 75. 92. 435. 479. *sor* (super) 123. 3642. *ensor* 132. *desor* 888. *botent* 287. *entor* 205. 243. *mostre* 215. *mostra* 371. Vortonig: *ostuiz* (usatellum\*, vgl. Diez, Wörterb.) 230. *roches* 258. *douze* (duodecim = ital. dǫdice) 267. *doze* 1025. 1054. 1110. *floz* (fluctus) 446. *cort* (currit) 454. 466. *touge* (= nfrz. touche) 1031, aber *tochon* 386. *bors* 1397. *borc* 2404. *souffre* 3546. *souffrance* 3734. *goute* 3623.

In einigen Fällen könnte man ǫu, durch Vokalisierung eines hinter ǫ stehenden *l* entstanden, auch für die Sprache des Dichters annehmen; indessen wird häufig noch *l* geschrieben: *dolce* 1145. 2925. *douces* 441. *dolus* 720. *dolcement* 529. 654. 1444. *docment*

992. *outre* (ultra) 3211, aber *oltre* 1529. *coucha* (culcavit\*) 2649. *Raols* (Radulfus) 2346, aber immer *Rous* 1385 (Rollo). *Rou* 1431 (Obl.). — *foudre* 1420.

Aufser in *mult* 1729 findet sich die anglonormannische Bezeichnung des ǫ nur noch in der Vortonsilbe: *ributons* 3760. *tochon* 306 neben *touge* 1031 läfst die Annahme, es sei für letzteres vielleicht *touque* zu lesen (als Form des Schreibers vergleiche unten c vor a und e [i] etc.), als unwahrscheinlich erscheinen, man wird es hier wie in anderen Fällen mit einem einfachen Schreibfehler zu thun haben.

### 32. ǫ + I-Element.

1) Der Umlaut des ǫ trat nicht ein in folgenden Fällen: *bois* : *piscois* 232.[1] *bois* 447. 721. 1649. *angoisse* 291. 3580. *croix* 347. 826. 892. *voix* 360. 990. 1086. *nois* (nucem) 3693. — *boiste* 2476. 3482, auch *coivre* (cuprium\*) 3523. — *adjutoire* 3252. (Die anderen Belege mit Suffix *-oria* s. u. ǫ + *i*.)

ǫ + n + Hiat-i und ǫ + n + Hiat-i fielen zusammen in: *essoigne* : *moine* 102. *chanoine* : *moine* 908. 1400. Pl. 1838. 2068. 2489. *moine* : *testemoine* 1376. 2385 (test. hier 3. Präs. Sing.). Vor silbeschliefsendem Nasal: *enoiz* (inunctus) : *loigz* 1202. Belege aus dem Versinnern: *essoigne* 100. *Borgoigne* 552. *caroigne* 2606. *moine* 15. 24. 74. 1535 = *moisnes* 2775 = *moigne* 70. Der Nasal schliefst die Silbe: *pointe* 835. *acointes* 1783. *loig* 1142. *loinz* 3639. *besong* 1144. 2524. *besoig* 2913. *ennoist* (in-unxit) 859. *ennoit* 863 (in-unctus) = *ennoigt* 3488. *point* 3393.

2) Umlaut findet sich in: *tuit* (: petit) 777. : *deduit* 798. *cuit* (: vit) 922. *puix* : *reduix* 1140 (ital. ridotto). *tuit* : *destruit* 3128 (cf. Archiv f. lat. Lexikographie II, 101 und Marx' Hilfsbüchlein: -struo, -strūgo\*, strūxi, strūctum).

---

[1] Zu piscois: Es steht für *picois*, das nach La Curne de Sainte-Palaye sich in der Chans. d'Antioche IV, 342: *granz picois d'aeier* findet. Diez führt blofs *picot* an; Burguy kennt *picot* und *piquois*. Joret, Essai, verzeichnet unter *picouée* ein in den vier Büchern der Könige I, 44 vorkommendes *picois* = ligones Hacken. *piquoise* findet sich auch (nach Le Héricher, Histoire et glossaire du normand, anglais et français, Avranches 1852) im Piers plowman 1987. — Endung -esis\* für -ensis ist durch unseren Reim ausgeschlossen, aber welches ist das Etymon?

Aufserhalb des Reimes findet sich: *trestuit* (= -tutți, Vok., vgl. Neumann, R. Zs. VIII, 264). *tuit* 109. 213. 268 etc. *fluive* 3241. *quit* (cogito) 158. 1039. *quide* (cogitat) 190. 2658. 2818. *cuident* 3284. 3285. *sui* (sum = sŭ + i̭*) 3344. *dui* (dui* für duo) 1916. 2617. (*fuit*, nach *fui* gebildet, häufig.) *destruiete* 1423. (Zur Erklärung siehe IV, *26*, o.)

Vortonig findet sich *ǫ* + *i* als *ui* in *buissonneiz* 734.

*oi* in *toison* (tǫnsionem) 380. *croiciez* 843. *croizies* (= *croiziees*) 1231. *boisines* 781. *boistete* 2741.

*poignant* 483. *ognement* 856. *genoillons* 827.

Da unser Text durchgängig *ę* und *ǫ* mit *o* (nur vor Nasalen auch mit *u*) bezeichnet, so ist a priori *ui* für *ǫi* als *ŭi* aufzufassen in den unter 2 angeführten Wörtern. *oi* und *ui* = *ǫ* + *i*, *ū* + *i* reimen nicht mit dem Produkt aus *ǫ* + *i*, weil letzteres eine andere Entwickelung in der Sprache unseres Dichters genommen hat als im Französischen. — *ui* ist in unserem Text schon steigender Diphthong. Die heutigen Mundarten der westlichen Normandie weisen dafür fast allgemein (vgl. Joret, Mém. de la soc. d. ling. V, 145) ein -*i* auf, so in *condire* = conducere (während das Simplex *duire* lautet) *r'lire* (= relucere); weiter verbreitet, d. h. auch in der Haute-Normandie findet sich *pi, bri, plie* für puteum, brugitum, pluvia. — Diese Reduktion von *ui* auf *i* (durch Assimilation des *u* an *i*?) mufs aber schon längst vorbereitet sein, denn es finden sich vereinzelte Beispiele schon in unseren Texten: auch im Mont Saint-Michel v. 615 *condit* (conductum). Ob diese Form dem Dichter oder blofs dem Kopisten (in welchem Fall sie einen Beweis abgäbe für dessen [west-]normann. Ursprung) angehört, läfst sich direkt nicht erweisen, doch ist letzteres wahrscheinlich, da *condit* das einzige Beispiel von *ui* = *i* ist. Michel sah *condit* als Schreibfehler an und ergänzte es zu *conduit*, mit demselben Rechte wie Kehr (in den Thesen zu seiner Diss.) *suere* = sĕquere 1742 in *suer* = sudare ändert, d. h. beide haben an die Möglichkeit specifisch mundartlicher Formen nicht gedacht. — In Th. Helie findet sich v. 503 (Fleury zählt p. 406 : 506) *cheli* = celui. Clef d'amour p. 16 *condire : dire*, p. 114 *nuli* = nului. So auch im Ms. von Tours der Chronique des ducs de Normandie des Benoit 3379 *condit*. Zu vergleichen wäre auch *bisson* 2030 des Roman de Rou Hs. C = heutigem bison im Patois du Bessin (siehe Joret, Essai).

## 33. Vortoniges ǫ

gestaltet sich verschieden, je nach dem darauf folgenden Laut:

1) Blieb es erhalten im Hiat vor dunklen Vokalen und Konsonanten (hier auch *ou*, besonders wenn Labialis oder *s* folgt): *toaille* 867. *doaire* 1029. *voié* (votatum) 3170. *avoié* 3755 (advotatum*) — zu den beiden letzteren s. u. —, *avoast* 3105. *voa* 3148.

*bota* 275. 283, neben *bouta* 194. 198. *arosa* 852 (vulgärlat. ǫ*), neben *arousée* 856. *plorant* 967. 1221. *plorout* 3052, neben *plourement* 1298. *governa* 2371 und *gouvernout* 2754. *demoreir* (ǫ* s. o. unter ǫ in bet. off. Silbe) 1061. *demorance* 3157. *plovieit* 3240. *pitosement* 3256. *devotement* 3336. *souvent* 139. 430. *troubla* 1182. *recouvrier* 1423. *recouvré* 3303. *sofriessiez* 2510, neben *souffrir* 2562. 2629. *douté* 3301. *doutant* 3464.

Durch vokalisiertes *l* in *escoutout, escouter* 1016. *coucha* 2649.

**Für vortoniges ǫ vor Nas.** sind bei *30* die Belege gegeben worden.

**u findet sich** in *rebutons* 3760 (cf. prov. rebotar, ital. ributtare). *esturgons* 470 müfste, nach ital. storione zu schliefsen, ebenfalls *o* haben, doch ist das nfrz. *esturgeons* zu vergleichen, allerdings neben *estourgeons;* Littré verzeichnet *estúrgeon* erst seit dem 14. Jahrh., und dafs es sich nicht normal entwickelt hat, beweist das vor *t* erhaltene *s:* Wie weit wir die Formen mit *ou* dem Dichter beimessen dürfen, ist unsicher, aus den Reimen läfst sich natürlich nichts erweisen; doch da wir *ou* in der Tonsilbe dem Dichter abgesprochen haben, so dürften auch die Belege, die *ou* aufser vor Labialis, für ǫl, und vielleicht noch vor *s*, aufweisen, dem Kopisten angehören.

**Zu e ist ǫ geworden** im Hiat vor *ū:* (ebenso ę) in *connëu* 132. *reconnëu* 2679.

## VI. Vulgärlat. ǫ (klassisch-lat. ŏ).

### 34. ǫ in offener betonter Silbe.

Reime: *cor* (chorum) : *cuer* (idem) 344. Vor Lab.: *ouvre : couvre* 3178. l + Kons.: *velt : selt* 600. *veut : seut* 1372. Hierher ziehe ich -*ocum* in *iluec :· ovec* 1046. — *demore* 107, s. o. *28.* — foris ergab *fors* (: *cors*) 1286, s. ǫ ged.

Belege aus dem Versinnern: o: *prof* 38. 457. 2582. *aprof* 151.

562. 947. 993.' *ovre* 256. 356. 358 etc. *emprof* 1206. 1244. *volent*
1282. 2227. 2705. *trovent* 3672.

   o u: *trouvent* 586. 604. *ouvre* 1195. *sarcoul* 1320.

   u e, oe: *esmuet* 284. *puet* 434. 1947. 3645 (im Text *puent*).
*pueple* 324. 3436. *buef* 779. *cuer* (chorum und cŏr) = ersterem 879,
= letzterem 1694. 2911. 3162. — *vuelt* 1951. 2285. *duel* 2707. *or-
zuel* 960 (urceŏlum *). *braioel* 1558 (vgl. Förster, R. Zs. I, 152). *sar-
coel* 2336. *oē* 327 (opum *). — *orzul* 897. — *illuec* 157. 202. 235.
263. 326 etc. *illueques* 571. 986. *iloec* 2297. *illuques* 986.

    *puent* (zweisilbig) 286. Rom. Stud. III, 461, wird von Stock
bei puent bemerkt, dafs bei Benoit die Diphthongierung, im Falle
die folgende Silbe mit *e* beginne, nicht eintrete, es müfste also *puent*
als *pu-ent* aufgefafst werden. Doch dann wäre *u* statt *o* unerklär-
lich; die Lösung liegt auf der Hand: es ist ganz gewöhnlich, dafs
Schreibung *ee* (in *pueent* *) blofs von den Kopisten reduziert wird
auf *e. poit* 2866 und *poiet* 2867 (beide, für *puet* = pŏtet) dürfte
man mit *noïet* (noctem),. s. u. *ǫ* + *i* in Verbindung bringen, so zwar,
dafs man in beiden annähme, *oie* stände für *oę̃*, das ja thatsächlich
in *puet* (wechselnd mit *poet*) gesprochen wurde. Es verhielte sich
*poit : poiet* wie *noit : noiet;* anderenfalls wären sie rein unerklärlich.

    V o r l + K o n s.: *selt* (solet) 106. *velt* 178. 273. 385. 392.
1846. *vels* (vŏlis *) 2915.

    V o r e i n f. Nasal. homo in pronominaler Verwendung =
nfrz. *on* findet sich meist als *en* 57. 1252. — 630 *m'on* für *m'en* =
mihi inde. 3205 *huen* = *en* = nfrz. *on*.

    Nom. Sing. *hoem* 186. *huem* 279. 2185. 2522. *huens* 618. 1454
(Michel liest in den Var. *huons*). 1757. 3243. *homs* 1416. *hons* 1920.
1947. 2013. 2043. v. 79 steht fälschlich der Acc. *home* statt des Nom.
*prodom* 2094. 3549. *produen* 2282. *prosdons* 3665.

    Nom. Sing. *buens* 129. 337. 491. 669. 1280. 2099. *boens* 329.
*bons* 2487. Acc. Sing. *buen* 1395. 1429. 2287. *bon* 1258. 2911.
3418. Nom. Pl. *bons*. Acc. Pl. *bons* 470. Fem. Sing. *bone* 1365.
1856.

    Das absolute Possessivpron. der 3. Pers. Nom. Sing. *suens* 1266.
1816. 2140. Acc. *suen* 1610. — domus : *doms* 1045. cǒmes : *quens*
1465. 1551. 1577 etc. (Acc. aber *conte* 1514. 1554, weil *ǫ* ged.).

    *Rouen* findet sich als *Roan* 1388 (nach Michels Lesung), *Roein*
1428' 1504. 1564 (ebenfalls nach Michel, gegen Wrights *Roem*).

*Roien* 2267, nicht im Reime. Über *Roien* habe ich oben schon gesprochen, s. ę in offener Silbe p. 44. — Das Wort ist überall zweisilbig gebraucht, wie bei Wace, cf. Andresen, Rom. de Rou III, 499: *Ruem* : *huem* 2985, und bei Benoit, Chronik 6991 *buen* : *Roem* (vgl. *boen* : *sen* 14 139). *Roein* wird also auch nur *Roęn* bedeuten, wie bei diesen beiden.

Ein Wort zum Etymon dieses Ortsnamens: Rotómagus kann nicht Grundlage sein, wegen des unerklärlichen Schwundes des Suffixes -agus. Nach dem in normann. Urkunden (s. Mém. XI, 14) auftretenden *Rodomensis* zu schliefsen, könnte ein *Rodǫmum** existiert und als Paroxytonon betont ein Ro-uen*, Ro-oen* ergeben haben. Der im Hiat stehende vortonige Vokal pflegt jedoch im 12. Jahrh. noch nicht zu schwinden. Ein Rodomum genügt also auch nicht. Vielleicht dürfte Folgendes zu einer Lösung führen: Caen heifst in einer Urkunde von Richard III. vom Jahre 1026 (s. Mém. XI, 38) Cáthim; dies ergab Ca-ęn, später, als ęn und ęm in ęn vereinigt waren (schon bei Wace, Benoit und Guill. de Saint-Paier) Caęn, nach Übergang von ęn zu nasalem an = Caã und Cã. In Analogie zu jenem Cathim könnte ein Rodim* angenommen werden, das regelrecht Ro ęn, Ro ęn ergab.

Im Einzelnen ist zu der Entwickelung des ǫ. in offener Silbe wenig zu bemerken. Da die Reime keinen Aufschlufs geben, sind wir auf die Schreibungen angewiesen. — ǫ in offener Silbe ist nicht durchweg diphthongiert, vor Labialis zeigt sich für ǫ auch *ou*. Dasselbe Verhalten findet sich in anderen westlichen Texten, s. darüber Max Strauch, Lat. ŏ in der normannischen Mundart, Halle, Diss., 1881, p. 74.

Thomas Helie steht schon bei *eu: desqueuvre* : *œuvre* 1049. *euvre* 1065. *preuve* 1065; vortonig *ou* : *soulet* 325. *demouret* (-abat) 467, neben *demeurent* 496 (id.). *mouver* (= norm. *moveir*) 627. *voulet* (= *voleit*) 641. 851 etc.

Bemerkenswert ist das Verhalten der stammbetonten Formen des Verbums *voleir* im Präs. Ind.: die des Sing. (2. u. 3. Pers.) beruhen durchweg auf Diphthongierung des ǫ, die 3. Pers. Plur. zeigt nur *volent*. Ganz ebenso bei Benoit, vgl. Stock, Romanische Studien III, 456.

Die 2. und 3. Pers. Sing. *vǫles**, *vǫlet**, *sǫles*, *sǫlet* erscheinen als *vels*, *velt*, *sels**, *selt* resp. *veut*, *seut* und gehen auf *vuels*, *vuelt* etc.

zurück. Letzteres findet sich ebenfalls und stellt eine ältere Sprach-
stufe dar, die in Verbindung mit der anderen Form wohl geeignet
erscheint, den Eintritt der Vokalisierung des *l* vor Kons. näher zu
bestimmen. S. darüber bei *l* + Kons.

*ou* für *ǫ* scheint in unserem Text allein auf den Einfluſs der
Labialis zurückgeführt werden zu müssen, denn es findet sich vor
anderen Konſ. nicht, wie im Livre des man., vgl. Förster, Rom. Stud.
III, 185 (dazu Kehr § 20 seiner Diss.), und in den südwestl. Dia-
lekten der Langue d'oïl, vgl. Görlich p. 67.

### 35. -ǫcum

verdient in unserem Text besondere Beachtung, weil durch dessen
Gestaltung ein bestimmter Schluſs auf diejenige von *ǫ* + *i* wird ge-
zogen werden können.
*leu* 98. 568. 1848. 1939 etc., stets im Reim zu *Deu.* Auſser-
halb des Reimes *leus* 8. 650. *leu* 87. 257. 982. ' Plur. *leu* 684. —
medius locus giebt *milie* : *lie* (illæ + i *) 3519. Auſserhalb des
Reimes *mileu* 847. — *focus* : *feus* 2698. 2702. 2703. Obl. *fu* 1648
in der Formel *od fu od fer*, mit Feuer und Schwert.

Zu *leu* etc., *milie* ist folgendes zu bemerken: Das Normale, dem
Dichter Eigene scheint die Form ohne diphthongiertes *e*, *leus*, *mileu*
zu sein. Das numerische Überwiegen dieser Formen unterstützt diese
Annahme; deshalb ersetzte Schulzke in seiner Diss. p. 27 *milie* durch
*mileu*, und doch ist diese Auffassung die verkehrte; nicht *leus*, *mileu*,
sondern *milie* ist getreu nach des Dichters Sprache (wenigstens was
den Tonvokal angeht), und es dürfte schon hier in vollem Maſse
gelten, was Suchier in der Einleitung zu Warnkes Marie de France,
Halle 1885, für Wace hinstellt: Nicht des Dichters heimatliche
Sprache tritt uns in den normannischen Dichtwerken entgegen, son-
dern „eine Schriftsprache, die vor den Anfängen der normannischen
Litteratur als Hof- und Verkehrssprache existiert haben wird"...

Heute lautet in der westlichen Normandie frz. *lieu* = *liè*,[1]

---

[1] Zu *liè* = locum fügt Le Héricher a. a. O. hinzu: *au lieu de*
heiſse *en lié de* z. B. in *en lié d'un, en v'la deux.* Das Allgemeinere
scheint *liè* zu sein, und auch das Ältere, denn das Norm. pflegt offene
Laute, wenn sie in den Auslaut treten, zu geschlossenen zu machen, nicht
umgekehrt.

s. Le Héricher, Histoire et glossaire etc. Bd. II, s. v. *milie* findet sich auch in anderen norm. Texten: als *mielie* im Rom. de la résurrection v. 164. 165 und im Chastoiement de Pierre Alphonse (nach Hs. A) XX, 227. — *lie* = locum finde ich einmal in der Urkunde des Bailli v. Coutances von 1315 (Abschrift von 1275), Mém. XVI, 199, No. 852, im Compositum: *lietenant*.

Waces Rou hat (nach Andresen p. 502) nur *lieu* und *leu,* und diese müssen „schriftsprachliche“, *lie* volkstümliche Form gewesen sein.

Kommen wir zu *milie* : *lie* (illæ + i) zurück. Wie Schulzke durch Einsetzung von *mileu* einen reinen Reim gewinnt, wenn er, nach p. 30, *liei* oder *lei* als richtige Form des Pronomens annimmt, ist nicht ersichtlich. Blofse Assonanz ist aber bei unserem Dichter nicht zulässig; ebenso nicht Weiterbildung eines *mile(u)* zu *milei* nach *Deu, De* zu *Dei* (in Thomas Helie), da letzteres nach p. 4 f. abgewiesen werden mufs; endlich ist ein Simplex *lei* = locum nicht zu belegen, somit auch *milei* unwahrscheinlich. Ebenso *mile\** aus *mileu,* da ein Simplex *le* = locum nicht zu belegen ist. — Es bleibt also nur das überlieferte *milie* übrig, und damit ist auch *lie* als Pron. Pers. der 3. Pers. Fem., und in diesem Falle für den Dichter ę + i = *ie* gesichert; zudem findet sich *lie* (Pron.) in Texten, die *ie* nur im Sinne von *ie* kennen, cf. Résurrection du Jésus-Christ etc.

Joret, Rom. X, 58, möchte *milie* als *milieu* (eu = phon. ő, schlecht artikuliert und so bezeichnet: e) auffassen; indem er bemerkt, dafs heute in der Normandie häufig für *ieu* ein *ie* eintrete. Eine Stütze für diese Ansicht dürfte in gewissen Schreibungen schon in der Vie des Thomas Helie zu finden sein: *prisieu : canonisieu* 16 (-atum = ié), *corrugieu : delogieu* 140. *pitieu : amistieu* 370. *eveschieu : empeesquieu* 955. *bleschieu : peschieu* 1063 etc. Daneben *eveschié* 303. *pechiez* 315. *pechie* 570 etc. Ja, ein Reimpaar scheint geradezu den Grund der Schreibung -*ieu* im Particip statt *ie* zu verraten: *gieu* (jǫcum) : *mengieu* (manducatum) 829. Indes ist diese Stelle zweifelhaft und das erste Reimwort somit nicht ganz sicher.

Wie man sich aber die Entstehung des *milie* auch denken möge, die Form ist nicht wegzuleugnen und spricht immerhin nur für *ie* = ę + i in *lie* (illæ + i\*).

Leider giebt, wie es scheint, Hs. B über dieses wichtige Reimpaar keinerlei Auskunft; die betreffenden Verse fehlen, wie mir Herr Dr. W. Franz gütigst mitteilte.

*fu* 1648 = *feu* ist wohl mit Förster, Rom. Stud. III, 182, als eine Weiterbildung aus *feu* anzusehen.

### 36. ę + i und ǫ + i

haben sich abweichend vom Französ., ersteres nicht zu *i*, letzteres nicht zu *ui* gestaltet, sie reimen daher nicht zu urspr. *i* resp. *ui* = *ū* + *i*, wohl aber zueinander, so daſs sie entweder ein und dasselbe Resultat ergeben muſsten, oder doch wenigstens im tontragenden Laute übereinstimmten.

Reime: *deliet* (delęctum)    : *noit* (nǫctem) 76.
   *liet* (= nfrz. lit)    : *noit* (dasselbe) 156.
   *lieis* (lęxi* für lēgi) : *pois* (postị*) 420.
   *respiet* (respectum)  : *noiet* (noctem) 436.
   *igliese* (eclęsia*)   : *nuise* (nǫceat) 1030.
   *seis* (sęx)        : *truis* (trǫsị* = trosco* = trǫpo*) 1380.
   *bautestiere*       : *moire* (mǫriat*) 1462.
   *eis* (ęxis)       : *rois* (rǫsị* = rosco* = rǫgo) 2641.
   *lie* (Dat. Pron. Pers. Fem.) (: *milie* medium locum) 3518.

ę + i : ę + i: *igliese* : *priese* (pretiat*) 1252.
ǫ + i : ǫ + i: *puis* : *truis* 1494. *ennoi* : *hoi* (hŏdie) 1988. *Guerrnerie* (Grĕnerǫdium) : *oie* 2445. *pois* : *trois* 2451.

ę + i aufserhalb des Reimes: a) in der Tonsilbe: *deix* (decem) 1121. 1623. *leiz* (lectum = lu) 621. 999. *liez* (lexi*) 710 = lęctos Partie. 1075. *leist* (lexit*) 997. *liere* 3509. *lui* (lĕxi*) 2386 (vgl. vortonig *luison* 379 = lęgimus). *igliese* v. 3 erscheint noch 35 mal neben achtmal *iglise*, einmaligem *igliesie* 3439. — *mie* (medio), stets einsilbig (wie Schulzke, Diss., richtig bemerkt) 195. 414. 1318. 2967. 3726, aber ebenso [1] (irrig von Schulzke: zweisilbig) 373. 548. 552. 563. 1676. 2646. 2829. — *demies* 475 (*ennmie* [zweisilbig] 373. 2829). *parmei* 3150 (neben 548. 552. 563. 1676. 2646 *par-mie*). — *prie* (pręco*) 627. 1975. *preient* 2272. 2620. 2623. — *peiz* (pęctus)

---

[1] Es ist an dieser Stelle auf Diez' Gramm. III, 94 zu verweisen, wo zu medius bemerkt wird: Abhängig von Präpositionen (und dies trifft in allen diesen Fällen zu) tritt medius in eine neutrale Stellung, so daſs es sich wie eine Partikel oder wie ein Suffix der Präposition verhält, vgl. ital. in mezzo l'alma, afrz. parmi la mer.

1232. — *sofiere* (suffęcere\*) 514. — *iessent* (ĕxeant) 639. 3529. — *lie* (illæ + ị\*) 1479. 3122. 3141. 3613. 3623. 3637. 3673. 3618. *lei* (dasselbe) 460. *le* (dasselbe) 3295. — *pries* (prętium) 2044. — *esliesent* (exlęgant\*) 2195. *esleisent* (dasselbe) 2295. — *engieng* 260. *engiens* 299. *engien* 1584. *angieg* 3272. *liet liez* (les lits) 359. 2976.

Eine besondere Entwickelung nahm sęquere\*: *suere* 1742. *suiet* (sequit) 2770. *consueit* (con-sequere\*?) 3224. Ich komme unten im Einzelnen auf diese Formen zurück.

b) In der vortonigen Silbe: *plaiseïz* (geschr. plaisiez) von plĕxus + icium 785. — *maien* (medi-anus\*) : *deraien* (de-retrianus\*) 858, letzteres noch 2666. — *eissi* (æc-sic\*) neunmal, = *issi* siebenmal, = *iessi* 3446. — *neient* 1198. 1726. 1868. = *nient* (zweisilbig) 818. 1904. — *preia* 1444. *depreia* 3336. *preié* 1663. 1816, aber *preout* 653. — *eissit* (exiit 1167. *eissu* (Pc.) 2668. 2677. = *iessu* 872. = *issu* 1001. — *issue* 502. — *eissiez* (Pr. Ind. 2. Pers. Plur.) 1912. *issist* (exisset) 2014. — *leison* (legimus) 1553. 3196. 3214. 3467. *releison* 3477. *luison* 379. — *esliesiez* 1981. *eslierez* 1983. — *miedï* 3192. — *meitie* 2444. 3567. *neier* (necare) 3602. — *Licsvin* 540 (Lęxovinum) 3705. *Lisies* (für *Lisiees?* = Lisieux) 3707.

ǫ + i auſerhalb des Reimes: a) in der Tonsilbe: *pois* 24. 95. 120. 159. 191. 275 etc. = *puis* 381. 408. 530. 578. — *noil* (noctem) 357. 497. 2000. 2565 etc. *nuit* (dass.) 640. 1946. 2521. 2560. 2853. 2861 etc. — *oit* (octo) 1069. — *puisse* 1979. 2221. 2222. 2247. 2873. — *puissent* 1141. — *ennoi* 1569. 2464. = *ennui* 2579. — *ennuit* (hanc noctem) 1994. 1998. 2663. — *ennoite* 2557 (innoctat\*). — *cuisse* (coxa) 2999.

*treus* (trǫsco\* für trǫpo\*) 71. = *truis* 1164. 1756. — *oie* (hodie) 2064. 2084. 2312. *rapresment* (approximant) 289, vgl. das folg.

b) Vortonig in *Oiesmeis* (zweisilbig, Oximęsis\* pagus, heute Hiémois) 540. — *apriesmier* 3234 und *aprismie* 579.

Für sich betrachten wir:

ǫ + l + i: *voil* (volio\*) 1022. 1024. 1059. 2262. 2367. *revoil* 2281. — *vuil* (dass.) 2692. 2751. 3039. 3506. Einmaliges *vuls* 1030 dürfte durch Abirrung auf das folgende *nuls* entstanden sein. — Höchst beachtenswert ist das zweimal erscheinende *vuiel* 2375. 3037; beidemal für eine einsilbige Gruppe stehend. Wir werden unten ähnlichen Formen in anderen Texten begegnen.

*oil* (oculi) 1217. 1278. *orguil* 3233 (orgǫlium\*, vgl. Förster, Rom. Stud. III, 372). Wie man sieht, ist die „schriftsprachliche" Form *-oi, -ui* vorherrschend.

     S u f f i x  *-ǫria, -ǫr i a.* Bemerkenswert ist: *ivoire* (cf. eburneis = ivorgiis, Reich. Glossen, Afrz. Übungsbuch von Förster 894) gebunden mit *trifiere* 1234. Letzteres ist nicht auf das Adv. *trifariàm* = dreifach, das nicht ins Französische überging, sondern auf mlat. *triforium* (s. D. C. und Diez' Wörterb. II. C. s. v.) zurückzuführen. Statt *tallier trifoire* heißt es gewöhnlich *tallier à trifoire* (s. Diez a. a. O.). Für *-ière* = *-ǫria* vgl. 1462 *moire* (mǫriat\*) : *bautestiere,* und auch *oie* (hodie) : *Guernerie* 2444. — Da die Stelle sonst nicht verdächtig ist, so werden wir *trifiere* als Lokalform, *ie* = ǫ + *i* ähnlich wie sonst (s. u.) erklären dürfen.

     Gelehrt sind: *memǫire* : *istǫire* 152. 633. *apostoile* : *memoire* 2281. *apostoile* noch 1034. 1076. 1798. *estoire* 1536.

     Über die Frage, wie sich ę + *i* und ǫ + *i* in der südlichen (nach Jorets richtigerer Bezeichnung „westlichen Normandie" — worin ich ihm folge —, vgl. Romania X, 258, Recension von Schulzkes Dissertation) Normandie, speciell in der Sprache unseres Dichters gestaltet haben möge, ist schon verschiedentlich gesprochen worden. — Ältere Ansichten trägt Schulzke in der genannten Diss. zusammen.

     Wieder aufgenommen, aber meines Erachtens nicht gefördert ist die Frage von Kehr a. a. O.

     In Bezug auf die Gestaltung des ǫ + *i* im Central- und Neufranzösischen bin ich den Ausführungen Havets in der Romania III, 321 und IV, 119 (Anmerkung zu Schuchardts Artikel) gefolgt. Benutzt sind ferner die Abhandlungen von Thomsen: Remarques sur la prononciation française, Mém. de linguistique III, 106 und in der Romania, Jahrg. 1876, p. 64 ff., Försters Abhandlung über Vokalsteigerung, R. Zs. III, 481 ff. und Neumanns schon öfter genannte Untersuchungen in der R. Zs. VIII. Bd.

     Was die Gestaltung von ę + *i* und ǫ + *i* in den an unser Gebiet anstoßenden Dialekten betrifft, so sind außer den von Schulzke a. a. O. genannten Quellen benutzt worden: Görlich in der schon oben genannten Schrift: Die südwestl. Dial. der langue d'oïl; Settegast: Benoit von Sainte-More, Breslau 1876; Stock: Über Benoit von Sainte-More, Rom. Stud. Heft 12; Metzke a. a. O.: Herrigs Archiv Bd. LXIV u. LXV.

Die Pikardie kam für uns nicht in Betracht, weil das zwischen ihr und unserem gelegene Gebiet in Waces Werken zur Vergleichung herangezogen werden konnte. Ich habe hierfür den Roman de Rou in der Ausgabe Andresens benutzt, besprochen von Suchier, Litt. Centralbl. 1877, 249; Förster, R. Zs. I, 144 ff.; Nicol, Academy March 27, 1880. Für die Kenntnis der heutigen normann. Mundarten folgte ich den Untersuchungen von Joret in den oben schon genannten: 1) Essai sur le patois Normand du Bessin, Paris 1881 (citiert als „Essai"); 2) Des Caractères et de l'extension du pat. Normand, Paris 1883 („Caract."); 3) Mélanges de phonétique Normande Bd. V des Mém. de la soc. de ling. de Paris p. 140 ff. (Mél. 1883); 4) Mélanges de phonétique Normande, Paris 1884 (Mél. 1884). Ferner von Fleury: Essai sur le patois de la Hague, Mém. de la soc. de ling. de Paris V, 165 ff. 293 ff. 402 ff. Andere Hilfsmittel sind an ihrem Orte genannt.

Der eigentlichen Untersuchung vorauszuschicken sind die Belege, die Hs. B für $ę + i$ und $ǫ + i$ bietet. Es sind nur die wichtigsten, die mir bekannt wurden (s. Einleitung). Der Übersicht halber stelle ich den Belegen aus B diejenigen von A gegenüber:

| | |
|---|---|
| A *noit : deliet* 76. | B *nuit : deluit* (delęctum). |
| *noit : liet* 156. | *nuit : leit.* |
| *pois : lieis* 420. | *pius (= puis) : leis.* |
| *noiet : respiet* 436. | *nuit : respit.* |
| *igliese : priese* 1254. | *iglese : prise.* |
| *Guernerie : oïe* 2445. | *Guernerei : hue.* |

Vortonig $ę + i$: A (*dediez*, dedicatus) : *miez* (mędiatus *) 1120, B (*dediez*) : *meiez*. Aus Varnhagens Besprechung der Hss. des Rom. du Mont Saint-Michel, R. Zs. I, 545, entnehme ich für B von Belegen aufserhalb des Reimes: *iglese* v. 3. 22.

Hs. B kennt also, nach diesen Belegen zu schliefsen, nicht *ie* für $ę + i$, nicht *oie* für $ǫ + i$; dafür findet sich *ei* zur Bezeichnung beider, wie im Livre des manières, und man könnte versucht sein (mit Kehr p. 45), zu schliefsen, dafs $ę + i$ und $ǫ + i$ sich im Avranchin gleich entwickelt habe wie in Fougères. Mit Unrecht, wie wir sehen werden. Wie Kehr indes zu jenem Schlufs gelangt, ist mir unerfindlich, Hs. B kennt er nicht, sonst hätte er sie zur -Stütze herangezogen; ebenso wenig die Dissertation Schulzkes, sonst

wäre er vielleicht etwas vorsichtiger gewesen. *ie* und *oie* ohne wei-
teres zu ignorieren und dafür ohne irgend welche Begründung einen
beliebigen Wert einzusetzen, wie Kehr es thut a. a. O., ist willkür-
lich und daher verwerflich. Um zu erweisen, was Guill. de Saint-
Paier für $ę + i$ (denn zu diesem wenden wir uns zunächst) ge-
sprochen haben mag, reichen die Reime nicht aus; der einzige, *lie*
(illæ $+ i$\*) : *milie* (mędium locum) 3519, gewährt, doch zunächst nur
für *lie* selbst, Auskunft.

Die Schreibungen in A widersprechen sich hier und da nicht
nur untereinander, sondern auch denjenigen in B. Es fehlt somit
auch die äußerliche Übereinstimmung und die Möglichkeit hieraus
und aus dem Überwiegen einer Form (*ie* oder *ei*) auf deren Allein-
berechtigung zu schließen.

Kommen wir zunächst auf *lie* : *milie* zurück. Eine Betonung
*milíe* (*líe*) ist denkbar, doch nicht wahrscheinlich: einmal lautet
heute das Simplex, wie wir gesehen haben, *liè* (*lié*), sodann würde
man nicht einsehen, warum Guillaume de Saint-Paier ein *lie*,
*milie* [1] nicht häufiger im Reime und z. B. mit *Normendie, vie* (vita) etc.
gebunden verwendet hätte. Es bleibt somit bloß *milié* : *lié* übrig,
und daß diese offenes *e* hatten, scheint wiederum aus heutigem *lię*
(s. o. p. 64) hervorzugehen.

Freilich bemerkt Le Héricher (Mém. a. a. O.) zu v. 460, die
Anwohner der Bai des Mont Saint-Michel sprächen noch heute
*lei* für illæ $+ i$. Wenn es nicht vielleicht zwei Formen gab (etwa
*lei* in konjunktiver, *liè* in absoluter Verwendung), so scheint mir der
Widerspruch der heutigen Mundart mit der beglaubigten Form un-
seres Dichters unlöslich, denn *lei* und *lie* zusammenzubringen, so
daß jenes aus diesem entstanden wäre, erscheint als unmöglich. —
Jenes Reimpaar aus diesem Grunde aber dem Dichter abzusprechen,
würde, da die Stelle sonst zu Zweifeln keinen Anlaß bietet, Willkür
sein. Wir dürfen auch nicht übersehen, daß dem Dichter aus dem
Avranchin sowohl die Form des Südens wie die des Nordens (*lei* und
*lie*) bekannt sein mußten; die Möglichkeit, je nach Bedürfnis die

---

[1] Gegen die Auffassung von *ie* als fallender Diphthong (etwa *i͡ᵉ*)
spricht die heutige Betonung *liè* oder *lié* noch nicht, aber der Umstand,
daß ein solcher (von Joret mit *iᵊ* bezeichneter) Diphthong heute nur im
Auslaut vorkommt, wonach er jung (und aus $ī$ hervorgegangen) sein
könnte.

eine oder andere zu verwenden (in diesem Falle *lic*), war damit gegeben. Was sonst für die Gestaltung des $\varrho + i$ aus den Reimen entnommen werden kann, ist blofs negativer Art: es reimt nur mit sich und dem Produkt aus $\varrho + i$, nicht mit *i* aus lat. $\bar{\imath}$ (wie bei Wace und Benoit), nicht mit *ei* (für *ai*) aus $a + i$ (wie bei Estienne de Fougères), noch mit *e* aus *a* (wie im Livre des Miracles de nôtre dame de Chartres [s. Schulzke p. 31] und in Péan Gatineaus Vie de Monseigneur St. Martin de Tours [Schulzke p. 34]), noch mit *ie* aus $I + \acute{a}$ oder *ie* aus $\varrho$ in off. Silbe etc., es fehlen also die Mittel, seinen Laut direkt zu bestimmen, und wir könnten mit demselben Rechte nach Hs. B (zumal sie *milie : lie* nicht kennt) $ei = \varrho + i$ für unseren Dichter annehmen, wie nach A *ie*.

Wir sind daher genötigt, aus dem Verhalten der heutigen Mundarten der südlichen Manche die für unseren Dichter möglichen Formen zu erschliefsen. Ebenso für $\varrho + i$, denn hier bieten uns die Reime so gut wie gar keine Auskunft; die Hss. weichen noch mehr voneinander ab als bei $\varrho + i$. — Wir vergleichen auch benachbarte Dialekte, doch diese, mangels homogeneren und vollständigeren, in einem Material, das seiner Natur nach sehr verschiedenartig ist, daher nur sehr beschränkte Schlüsse gestattet. Wenn ich diese Grenze überschritt, so wird man es dem Bestreben, ein Resultat zu gewinnen, zugute halten; ein weiterer Anstofs zur Erhellung unserer Fragen dürfte immerhin gegeben sein.

Joret bemerkt in den Car. p. 168 über die allgemeine Gestaltung des $\acute{e} + i$ (und $\acute{o} + i$) in der Normandie folgendes:

Die Mundarten der Normandie scheiden sich nach der Behandlung von $\varrho + i$ (und $\varrho + i$) nicht in südliche und nördliche, sondern in westliche und östliche, wobei die Grenze zwischen beiden ungefähr die Touques bildet. Danach wurde $\varrho + i$ in dem östlich dieses Flusses gelegenen Gebiete zu *i* ($\varrho + i$ zu *ui*), in dem westlich davon gelegenen trat eine andere Entwickelung ein. — Indessen bietet in diesem letzteren, auch Basse-Normandie genannten Gebiete, $\varrho + i$ (und $\varrho + i$) nicht eine einheitliche Form dar. Dafs der Norden der Basse-Normandie sich bezüglich des $\varrho + i$ entschieden anders verhält als der Süden, wird aus den unten folgenden Belegen ersichtlich sein, weniger deutlich ist eine Scheidung von südlichen und nördlichen Formen bei $\varrho + i$ zu erkennen.

Joret bemerkt in den Mél. 1884, XXIV ff. folgendes:

ę +̣ c (i) im Cotentin, Guernesey, Jersey. *églièze* Nord. d. Cot. Das südl. Cot. hat gemeinfrz. Form *éguize* (Mesnil Aubert). Vortoniges ę + i ergab *e, i*.

     ę + c + Kons. oder ę + c + e (i) = *iè, iə:* decem : *diə* Nord. d. Cot. *dièe, sièe* (sex) Avranchin, Mesnillard. lectum (le lit) : *liə, liè* Nord. d. Cot. — *lé* od. *lè* Süd. d. Cot. Mesn. vecla: *vue, vuele, vule, vueule, vieule* Formen des Cot. *viele* Jersey, Guernesey; *vèle* Mesnillard (östl. v. Avranches). — p. XXXI a. a. O.: Orne, Passais, Houlme, Mortainais, Avranchin (die südlichsten Grenzgegenden der Normandie) haben wohl *pière* (pĕjor\*), aber allgemein *lè* (lectum). Vortoniges ę + i = *e*, so in *mé-* (medius) in Kompositis.

Aus der südwestlich an die Normandie angrenzenden B r e t a g n e führe ich aus Urkunden, die sich in „Anciens évêchés de Bretagne" Bd. III u. IV finden, folgende Belege für ę + i an:

     1) Urkunden der Abtei von Saint-Aubin des Bois:

Bd. III, p. 190, Urk. v. 1296: *desmes* (dęcimas).

     „ 195, „ „ 1297: *deiz* (decem).

     „ 196, „ „ 1297: *dez* (dass.).

Bd. III, p. 199, Urk. v. 1298: *dez, deiz* (decem), *eglese, essues* (ęxūtas\*).

     „ 200, „ „ 1298: *dez.*

     2) Urkunden der Abtei Sainte-Marie de Boquen:

Bd. III, p. 155, Urk. v. 1277: *demee, seixante, deez.*

     „ 172, „ „ 1285: *deme* (dimedium\*).

     „ 252, „ „ 1262: *eglese.*

     „ 285, „ „ 1279: *dez.*

     „ 286, „ „ 1282: *desmes, esues.*

     „ 289, „ „ 1291: *metie* (medietatem).

     „ 294, „ „ 1298: *deez* (decem).

     „ 315, „ „ 1310: *iglese.*

Bd. IV, „ 376, „ „ 1277: *seixante* (et) *dez.*

Aus der C h a n s o n d' A q u i n (s. o. p. 40) füge ich bei: *sere* (sĕnior) 67. 75. 430. 439. *veil* (veclus) 83. 2066. 2107. — *vuil* (dass.) 1172. 616. 915. 917. *leist* (lęxit\* für lēgit) 363. *eist* (exit) 397. 2998. *eyssent* 529. *yssent* 402. 537. *essu* 1208. 1262. *me* (= *mee* = media) 338 (vgl. Anm. ib. p. 133). *me* (medium) 1610. Vortonig in *melieu* 476. *parme* 1329. *parmy* 1338. Vortonig *mesnuyt* 1521. 2672. Vortonig in *empiré* 470 (impejoratum\*). *emperé* 588. *empera* 1593. *mire* (mędicum) 843. 1826. *enxin* (æc sic\*) 1314. 1703. *lesant* (legentem) 1665. *lit* (lęctum) 1820. *seix* (sęx) 2677. *s'elleissent* 3006. *eglise* 3028. 3029. 3030. 3065. — *sĕquit: sieult* 2884. Pl. *siculvent* 1405. Die Reime geben in diesem Denkmal keinerlei Auskunft über ę + *i*.

Für Ille et Vilaine müssen die Formen aus dem Livre des manières als Belege dienen: ę + *i* erscheint als *ei* und *e*. Belege s. bei Schulzke p. 23; Kehr p. 21. 43.

Für Bas-Maine fehlen mir Belege.

Für Haut-Maine verzeichnet Montesson, Vocabulaire du H. M., nur *pê* (*père*) = pis de vache; *veille* (vęcla).

Touraine, bei Schulzke p. 32 ff. (auf Benoit komme ich gleichzeitig mit Wace zu sprechen; s. u.).

In der Vie de Monseigneur St. Martin de Tours v. Péan Gatineau; ed. Bourassé 1860, ist nur *e* (für ę + *i*) gesichert (neben *i*). Schreibung *ie* findet sich zwar einigemal, doch zeigen die Reime *freres* : *emperieres* p. 39. *empiere* : *eire* (erat) p. 12 (vgl. *ere* : *pere* p. 3), dafs *ie* = *ei* = *e* hier ist.

La clef d'amour (s. o. p. 40) wird zwar der Touraine zugeteilt, indes sprechen doch gewichtige Gründe für einen, wie mir scheint, normannischen Schreiber, denn der Text weist ungemein häufig *c* vor *a* als *k, c* vor *e (i)* als *ch* auf; ę + *i* erscheint nur als *ie* (neben *i*). Belege s. bei Schulzke p. 33.

Für die südwestlichen Dialekte der langue d'oïl stellt Görlich a. a. O. fest, dafs *ie* für ę + *i* durchaus sporadisch erscheint, die regelrechte Entwickelung aber *ei (e)* ist.

Stellen wir diesen Belegen aus dem Süden die des Nordens und Ostens gegenüber (ich folge den Angaben Jorets in den Mél. 1884, p. 55 ff.):

1) ę + Kons. + i = *i* in der Haute Normandie, *ie* in der Basse-Normandie, so in der Hague, Saire: *églièze*. mędico : *mière* Hague, Saire, Bessin, Caen, Bocage. Vortonig: *e* : *mègneu* (media nocte) Bessin. *mègnié* Guernesey. *médi* Bessin, Cotentin (Val de Saire).

2) ę + c + e (i) = *i* H.-Normandie. Aber in der B.-Norm.: *diè(e)* (decem) Bocage, Bessin, mittleres Cotentin. *dië* (Fleury *diei*) Saire, Hague, ebenso *sièe* (sęx). (*siei* Hague) lęctum = *liè* oder *lié* Bessin, Caen, mittl. Cotentin, Auge, Guernesey. *lië* (*liei* Fleury) Hague, Saire.

3) ẹ + j = i in der H.-Norm. *pière* in der B.-Norm.: Bessin, Caen, Bocage, Cotentin, Guernesey.

4) ẹ c l.: *vieil* (vẹclum\*) H.-Norm. *vieu, vu* Fem. *vieul'* Bessin; *vu, vuël* Saire.

5) l e g e r e: = *lire* Patois du Bessin, *llère* Guernesey, *lure* Cot. Wie Wace sich zù ẹ + i (und ọ + i) verhält, scheint noch nicht ganz aufgeklärt zu sein. Daraus, daſs er es auch mit ī bindẹt (im Roman de Rou, s. Andresen Bd. III), wird von Andresen und Schulzke p. 15 geschlossen, er habe keine andere Form als *i*, wie gemeinfrz., für ẹ + i gekannt.[1] Dieser Schluſs geht zu weit, und mit vollem Recht haben die Recensenten von Andresens Ausgabe die Verkennung vieler Schreibungen in den Waceschen Hss., wo sie nicht *i* für urspr. ẹ + i bieten, gerügt. Es findet sich *ie* (nicht *ei*, darauf ist zu achten) für ẹ + i in allen Hss. des Roman de Rou; vor allem in Hs. C, D (beide von norm. Schreibern); zuweilen in ein und demselben Reimpaar in allen vier Hss. So haben alle v. 3916 *enmie* (: *Toirie* = Toriacum). *esliesent* 4886. *desconfiez : liez* 4907. *desconfiez : respiez* (C, A, B gegen *desconfix* D) 4943. *engiens* (alle) 5056. *diesma* 5443. *pies* 6248. (pĕjus\*) 7290. *sies* (sex) : *dies* (decem) 6427. *piez* (pectus), *parmie* 8055 (alle). *desconfiere* 8212 (alle). *pries* (pretium) 8355 (alle). 9714. *delieta* 9768 (alle).

Aus den einzelnen Hss. füge ich folgende Belege hinzu (ohne auf irgendwelche Vollständigkeit Anspruch zu machen): *lie* (illæ + i) C, D 247. C 267. *parmie* 324 (C). *lie* 370 (C). 528 (C, D). 577. 597. 604 (C). 1390 (C, D). 1835 (dieselben). 2548 (dies.). *lie* 4325 (C). *diesme* 4724 (A, D, C). *diesmex* 4726 (A, D, C). *diesme* 4279 (A, D). *lie* 4765 (C, D). *porgiesent* 4885 (A, D, C). *priet : respiet* 6095 (A, B). *pries* 7887 (A, B). *empierent* 8096 (A, D, C). *piere* 8211 (A, B, C). *parmie* 8429 (A, B, C). *esliere* 9006 (A, B, D). — *liet : respiet* 9089 (A, B, C). *cantorbiere : liere* (legere) 9379 (A, B, D [C *luire*]). *dies* A 10136. *liet* (lectum) 10284 (A, B, C). *lie* 10735 (A, C). *sofiere empiere* 10819 (B, C). — *parmie* 11065 (A). *lie* 11350 (B).

Vortonig: *preisa* 3583 (A, B, D). *presa* (C); *presie* 3592 (C). *Liesvin* 3806 (A) — *Lesvin* (C) —. *miedi* 3846 (A, B, gegen *midi* C, D).

---

[1] Schulzke bemerkt ausdrücklich p. 24, *ie* für ẹ + i rühre vom Schreiber her. Andresen p. 495 (Bd. III) hält es zum mindesten bloſs für eine Eigentümlichkeit der Hss.

Es ist nicht meine Aufgabe, zu entscheiden, ob von diesen Belegen und welche Wace nicht angebören können; dafs in so vielen Fällen alle Hss. übereinstimmend ę + i durch ie (nicht i) wiedergeben, scheint aber wenigstens die Annahme zu stützen, Wace habe seine heimatlichen Formen nicht gemieden, kein Bedenken getragen, sie neben gemeinfranzös. i = ę + i zu verwenden. Für uns ist vor allem wichtig, dafs ę + i in den Waceschen Hss. nicht mit ei, e, sondern mit ie bezeichnet wird (natürlich auch mit i), und hierzu stimmt die Gestaltung von ę + i in den nordwestlichen Teilen der Basse-Normandie.

Wie Wace, so scheut auch Benoit von Sainte-More dialektische Formen für ę. + i nicht. Wie Wace braucht er im allgemeinen die gemeinfranzös. Formen i, ui (für ę + i und ǫ + i), vgl. die Reimliste bei Schulzke p. 18. 19. Doch finden sich Reime, die beweisen, dafs er für ę + i ei in Übereinstimmung mit anderen Denkmälern der Touraine — nicht ie — kennt. Schulzke hat diese Reime übersehen; sie sind aufgezählt von Stock a. a. O. 492 (Kehr p. 45).

Stock erklärt puire (pějor*) : muire in Ben. Chr. 33 000 durch Annahme von Einwirkung des vorangehenden p auf e (in peire*, wodurch dieses zu puire geworden), was Kehr mit Recht zurückweist. Allein auch er giebt, wie mir scheint, eine nur teilweise richtige Erklärung. Er meint, wenn im Original z. B. peire : meire gestanden habe, so sei der Schreiber durch lautlich richtiges ui in muire verleitet worden, auch puire zu schreiben. Ich denke mir die Sache so: für ǫ + i war „schriftsprachliche" Form und Schreibung ui, dialektische ei. Bei Dichtern, die dialektische Formen nicht scheuten (wie Benoit), konnte also muire und meire ( = mǫriat) sich finden. Dieser berechtigte Wechsel wurde nach falscher Analogie auf Wörter wie peire übertragen, daher entstand jenes puire. So sind auch folgende Fälle zu erklären:

Chanson d'Aquin: veclus* einmal veil 83. 2066. 2826 und vuil 616. 915. 917. 1172, ebenso volio* zu veil 61. 1909. 1911. 2387. vuil 97. 1199. voliam: veille 2271. Pl. veillez 2279. 2737.

In Hs. B unseres Rom. vgl. deluit (= delectum) 75. — Darf man lui und luison in A auch damit vergleichen? veil tritt ein für voil (volio*) in Pierre Alphonse XIII, 229. XIV, 255. XVIII, 107. XX, 81. 106. 147. veille (voliat*) XXII, 49, neben voille 50. Doch habe ich allerdings hier vuil = vęclum nicht gefunden. Dagegen

findet sich wenigstens *veil* (volio) im Rom. de la Résurrection 78. 99
neben *voil* 104, vgl. auch *veillent* (voliant) 488. 867, Conte d'amors
311 *veil* (volio). Kehr ist es entgangen, dafs auch das Livre des
man. einen derartigen Fall aufweist: *pois* 896 = pĕjus.

*ie* für *ę + i* findet sich noch in einer Reihe normannischer
Denkmäler, vereinzelt in Th. Helie: *suiete* (sĕquita\*): *deliette* 667,
daneben *respit : depit* 156. *lit : delit* 913. *iglise* 113. 193. *delit* 441.
Vortonig in *myenuit* 524. *iessi* (exiit) 874.

Der Roman de la Résurrection hat 1534 *lie* (illæ + i),
von Reinsch fälschlich korrigiert in *li* (s. auch Prof. Gröbers Recen-
sion dieser Ausgabe in Bd. VI der Zs. f. rom. Phil.), *mie* (medium)
1625 (Reinsch fälschlich *mi*), neben *piz* 136. 1903. Beweisende
Reime fehlen.

Pierre Alphonses Chastoiement (ed. 1824): *lïet : delïet*.
VII, 26, aber *lit : delit* XXVII, 12. *lïe* (illæ + i) XI, 136. 301. *li*
(dass.) XI, 288. *mire* (mędicum) XI, 211. *celïe* XI, 373. *lïe* XII, 46.
95. 102. *diesme* XIII, 241. *engien* XIII, 245. XIV, 28. 90. *engin*
XVII, 550. *dis* (decem) ib. 37. 52. *demiz* ib. 99. 100. *respit* ib.
133. Vortonig *issi* (æc sic) ib. 143, aber *eissi* XV, 187. XVII, 8.
*piz* (pectus) XIX, 126. *lie* XXVII, 149. (Siehe auch Schulzke
p. 24.)

Aus dem Tristan-Fragment (Michel Bd. I): *lie* (illæ + i)
777. 1118. 1372. 1901. 2162. 2163. 2537. 2565. 2642. 2824. 2855.
2943. 3371. 3737. 3749. 4231. 4310. — *liez* (les lits) 667. *parmie*
1455. 3782. 3994. *prie* (preco) 2382. 2463. *liez* (lu) 2494. *enmie*
3404. 4365.

Die norm. Urkunden geben leider wenig Aufschlufs;
bei Delisle a. a. O. p. 199, Nr. 852 (Cotentin) habe ich *diesmes*
siebenmal gefunden, neben einmaligem *deismes*. Ferner einmal
*iglyse*.

*ie = ę + i* findet sich ferner in der Clef d'amour (für Belege
verweise ich auf Schulzke p. 33).

Aus dem vorliegenden Material dürften bei dessen Unzuläng-
lichkeit (es fehlen vor allem beglaubigte Texte aus dem südöst-
lichen Teile der Normandie und den daran anstofsenden Provinzen)
kaum allgemein geltende Schlüsse gezogen werden. Indessen sei es
gestattet, das, was sich mir daraus zu ergeben scheint, hier anzu-
führen:

i (aus *ę* + *i*) findet sich überall und stets seit dem 12. Jahrh., aber dafs es in den Dialekten des Westens und Südens der Langue d'oïl — von der Basse-Normandie an gerechnet — volkstümlich ist, ist sehr zweifelhaft.

i e ist die eigentliche Form für *ę* + *i* in der Basse-Normandie: Jersey, Guernesey, Cotentin, Bessin, Bocage (?), Auge, Lieuvin. *ei (e)* ist diesen Gebieten (wenigstens in der Tonsilbe) fremd.

i e findet sich neben e (alt ei und e) im Avranchin und Houlme (wie weit östlich, und mit den südl. Grenzen der Normandie?).

e (ei) ist eigentliche Form für *ę* + *i* in den südlich der Normandie gelegenen Gebieten des Haut- und Bas-Maine, Ille et Vilaine, Côte du Nord der Bretagne, endlich in den von Görlich untersuchten Gebieten (*ie* findet sich hier nur sporadisch).

Es hat also eine landschaftliche Verschiedenheit in der Entwickelung von *ę* + *i* bestanden und besteht noch, so, dafs von den südlichen Grenzen der Normandie ab nach Süden hin dafür alt *ei, e,* heute *e,* nach Norden alt *ie (iei?),* heute *ie* eintrat.

Die Nutzanwendung für uns ist klein, denn wir erkennen nunmehr blofs, dafs das Avranchin, die Heimat unseres Dichters, Grenzgebiet zwischen den beiden Hauptentwickelungen ist und heute *e* (aus altem *ęi*) neben *ie* (alt *ie, iei?*) aufweist. — Wenn also Guill. de Saint-Paier seine heimatlichen Formen für *ę* + *i* auch in seinem Denkmal uns hinterliefs, so werden es nicht dieselben gewesen sein, wie die von Est. de Fougères, und dann mufs Kehrs Behauptung p. 45 seiner Diss. dahinfallen, umgekehrt diejenige von Schulzke, wonach neben *i* möglicherweise *ei* und *ie* (iei?) in unserem Text zu Recht bestehen, gestützt erscheinen.

Folgen wir der Ansicht, Guill. de Saint-Paier habe die Mundart des südl. Avranchin gesprochen und geschrieben, so ergiebt sich aus unseren Untersuchungen folgendes:

Vorausgesetzt, die Formen für *ę* + *i* der heutigen Mundart seien die lautgesetzlich entwickelten Nachkommen derjenigen der alten Mundart, so mufs diese ein anderes Bild als Hs. A geboten haben; denn es kann unmöglich ein heutiges *dïie, sïie* (decem, sex) auf *deiz* (A 1623. 1121), *seis* 1380, heutiges *lè* oder *lé* auf *liet* 359. 2976 (vgl. auch heutiges *lè* [nach Le Héricher Bd. II = illæ + i], aber *lie,* durch *milie* festgestellt in unserem Text 3519) zurückgehen.

Vielmehr entspricht heutiges *sìèe*, *dìèe* einem älteren *sies*, *diez* (z. B. in Waceschen Hss. belegt), *lè* oder *lé* älterem *leit* (Hs. B), und — wenn = illæ + i — älterem *lei*. Ob Hs. B *sies*, *diez* hat, ist mir nicht bekannt; besitzt sie sie, so dürfte sie große Glaubwürdigkeit verdienen. Daſs A auch hier Verwirrung zeigt, wird nach dem, was in den vorausgehenden Paragraphen von ihr bekannt wurde, nicht auffallen.

Für den Dichter aber wird nur eine vollständige Vergleichung der Formen für $ę + i$ in beiden Hss. eine endgültige Lösung der Frage herbeiführen, wenn eine solche überhaupt möglich ist.

Besondere Gestaltungen von $ę + i$ in unserer Hs. A vermögen vielleicht ein Licht auf den Kopisten zu werfen, nämlich die von *sĕquere**. Ich habe die Belege hierfür schon oben angeführt, doch sei es mir gestattet, sie hier zu wiederholen:

Der Inf. *sĕquere** erscheint als *suere* 1742. *sĕquit* als *suiet* 2770. *consueit* (consequebat*) 3224.

Zu *suiet* vgl. man *suiete : deliette* Th. Helie 667. Bei *suere* 1742 verbietet es der Sinn der Stelle, an *suere* = sŏcerum, cf. Förster, R. Zs. I, 156, Anm., oder an *suiere* ib. 158 (= sudaria, Wace II, 3941) zu denken.

Kehr schlägt in den Thesen zu seiner Diss. vor, *suer* = sudare einzusetzen. Dies wäre eine recht einfache Lösung, doch sind Kehr *suiet* und *consuiet* entgangen, die uns zwingen, in *suere* sĕquere zu sehen; auch wäre *suer* = sudare an unserer Stelle zu trivial. Richtig sagt schon Le Héricher in den Mém. XXIV, 32 ff. von *suere:* C'est le mot *suivre* en patois actuel *suire*, et *suure*... Unter patois actuel kann Le Héricher nicht die Mundart des Avranchin in diesem Falle verstehen (er würde, wie sonst, einfach zu *suire*, *suure* „Avr." = Avranchin hinzugefügt haben), denn nach Joret, Mél. 1884, p. XXX und Caract. p. 165, hat das Houlme *sieuvre*, *sieudre*, Avranchin und Mortainais *sieuvre*, *sieure*; *sieu(v)re* findet sich mit Ausnahme des Cotentin in der ganzen Normandie (nach Joret, Mél. 1884, p. 48 und Caract.), ferner in Haut-Maine, und nach der Ch. d'Aquin (*sieulvent* 405, *sieult* 2884) in der Bretagne. Das Cotentin aber hat *seure* (Coutances), *sure* Val de Saire, *suëre* Hague, *sière*, *sìètin* (= *suite*) Guernesey (nach Joret, Mél. 1884, p. 48). — *sure* nach den Mél. 1884, XXVII ff. auch im südl. Cotentin.

Auch für nebula hat unser Text (A) bemerkenswerte Formen:

*nule* 2919. *neule* 3571 (wie es scheint beidemal einsilbig). Nach Joret (a. letztgen. O.) gestalten sich nebula und tegula in der Normandie entsprechend wie sĕquere; dabei führt er jedoch nur *tule* für das südl. Cotentin an; *nieule* finde sich (nach Mél. 1884, p. 48) im Lieuvin, Auge, Plaine de Caen, Bocage, Bessin und in einem Teil des Cotentin (welchem?).

Entsprechend *tule* dürften wir auch ‑ *nule* (die Form unseres Textes) im südl. Cotentin erwarten.

Es scheint mir, die Formen für sĕquere, nebula in A können nur denen des Cotentin entsprechen, nicht denen des Avranchin und der übrigen Teile der Normandie; ob sie aber auf den Dichter selbst zurückgehen, läfst sich kaum entscheiden. — Immerhin geben uns diese Formen das sichere Zeugnis, dafs Text A nicht rein den Sprachbestand des Avranchin, sondern den des südlichen Cotentin darbietet; wir werden andere Anzeichen finden, die uns in dieser Ansicht bestärken. Das Überwiegen von *ie* für $\varrho + i$ von diesem Gesichtspunkt aus betrachtet, scheint bereits ein Beitrag dazu zu sein.

Ich kann nicht umhin, der Formen *lui* (A) 2386 (lēgi), *luison* 379 hier zu gedenken; wenn sie auch verschiedene Auffassung zulassen (sie können z. B. wie *deluit* Hs. B = delĕctūm, *ui* = *ei* als umgekehrte Schreibung, vgl. *pois* = pejus etc., aufgefafst werden), so ist doch Text A nicht vereinzelt in diesen bemerkenswerten Formen für lĕgere. So findet sich in Hss. des Roman de Rou (Andresen Teil I) v. 60. 172 *luisant* (legentem), 503 *luire* (legere). Chronique ascendante 236 *luira* (Text *liura*); Teil III: Hs. C 9373 *luira* (A, B, D *liere*), 3682 C *esluire* (exlegere).

Vergleichen wir die Gestaltung von lĕgere in den heutigen Mundarten; nach Joret, Mél. 1883 und Mém. de la soc. de ling. V, 149, Mél. 1884, p. XXV, und Fleury, Essai a. a. O. 297. legere ergab mit Ausnahme des Cotentin in allen Mundarten der Basse-Normandie *liere*, in jenem aber *lû(e)re* oder *lure*. Sollte nicht auch hier unsere Hs. A in *lui, luison* die Vorläufer der modernen Form des Cotentin bieten?

Wir wenden uns zu $\varrho + i$. Giebt uns die Gestaltung dieser Lautgruppe in den heutigen Mundarten der Basse-Normandie die Möglichkeit, die Formen unserer Hss. näher zu bestimmen und sie eventuell verschiedenen Gebieten zuzuweisen?

Nach den Mél. 1884, p. XXV u. 51 ff. ist folgendes festgestellt (wir stellen die Belege des Südens denen des Nordens gleich gegenüber):

Typus posj* (lat. post): *piə* Greville, Néhou, *pī* Jersey, *pièe* Moitiers en Bauptois, sämtlich Belege aus dem Cotentin. — *pieu* Bessin, Caen, Bocage, Auge, Lieuvin, aber pè(s) Avranchin.

posco* (*peu, peuve*) in vorigen mit Ausnahme des Bessin. — *piesse* Bessin, Hague, Saire.

ǫ + i trǫja: *trie* Saire, Néhou, Norden des Cotentin. — *true* mittleres Cotentin. — *true, treue* Bessin, Caen, Auge, Bocage.

trèe Mesnillard (Avranchin), *trèe* Houlme.

sŏtig* = *sie, si* Norden des Cotentin und Avranchin; *suə, su* Coutances.

inŏdio*: *angniə, annin, anniə, annùe, annu* Norden des Cot. bis Coutances. — *ạngneu* Bessin, (vb. *annué*) Bocage, Caen. — *anné* St. Planchers (Süden des Cotentin).

nŏctem: *gniə, gni* Norden des Cotentin bis Coutances (Fleury níe'it), *nièu (gneu)* Bessin, Auge, Caen, Bocage. — né oder nè Mesnillard (Avranchin).

cŏxam: *tchuese, tchuse, keuse, cuse* Cotentin. — *tcheuse* Bessin. kèse Mesnillard (Avranchin).

cŏctum: *tchuə, tchuəte; tchu, cue, cuə, cuəte, cu* Formen des Cotentin bis Mesnil Aubert (nordöstlich bis Granville). — *quieu* Lieuvin (?), Auge, Caen, Bocage. — kè Mesnillard (Avranchin).

cŏrium: *tchuə, tchu, cu* Formen des Cotentin bis Coutances. — *quieu* Caen, Bocage, Bessin (neben tcheu). — kère (Avranchin).

nŏcere*, cŏquere: *tchüère, nüère; tchūre, nūre* Norden des Cotentin. — *kúeūre, núeūre* Süden des Cotentin. — *kure, nure* Mesnil Aubert bei Granville. — *qu(i)eure* Bessin, Auge, Caen, Bocage, Bessin (in letzterem neben *tcheure*). — *nieure, gneure* Auge, Caen, Bocage, Bessin. — kère, nère Mesnillard, Süden des Avranchin und Mortainais.

Das Passaịs (südl. Teil des Houlme, angrenzend an das Avranchin) verhält sich wie das Mortainais und Avranchin: *kèr* (corium), *kère* (cŏquere), *kè* (coctum), *kèse* (coxa), *nère* (nŏcere), *pè(s)* (post), *trèe* (trŏja), aber *neu* (nŏctem).

ǫ + l + i in fŏlia*: *fùele* Norden des Cotentin. — *fule, fùele, feule* im Cant. de Coutances und im Süden des Cotentin. — *fieule* Bessin. — *feille* oder *fèye* Mesnillard (Avranchin) und Passais.

sŏlio\*: *suə* Norden des Cotentin. — *sue* oder *su* Süden des Cotentin. — *sueu* Bocage, *seu* Bessin. — *sieu* Mesnillard, *sie* Saint-Planchers. — *suè* Houlme?, *sieu* Passais.

ŏclum\*: *uə* Norden des Cotentin, *u* Süden des Cotentin. — *eil* Mesnillard; daneben *èl* Domfront.

Für die südlich an die Normandie angrenzenden Gebiete vermag ich wiederum nur aus verschiedenen Zeitperioden und für die einzelnen Gegenden nur sehr spärliche Belege einer Sonderentwickelung zu bringen.

Die Bretagne weist in den oben genannten Urkunden in de Geslins Sammelwerk nur folgende Belege auf: p. 200 des dritten Bandes: *peissent*, 314 *peisse* (possiam\* etc.), 294 *octo* : *oeyt* (daſs dieses = $\widehat{oeyt}$ = ŏit oder ęit, scheint daraus zu resultieren, daſs in denselben Urkunden in *poaet, donaeson, borgaes, maees* [męsis\*] in ähnlicher Weise a e [wie o e in *oeyt*] blofs einen einfachen Laut bezeichnet).

Die Chanson d'Aquin: *niez* (nǫctem) v. 240. 256, aber *nuyt* 1055. 1188 etc. *orgueil* (orgǫlium) 432. 635. *puisse* (possiam\*) 686. *puist* 650. *eulle*˙(= ǫlia\*) 2276. Andere Formen s. o.

Estienne de Fougères: Livre des man. hat *ei, e* (neben *ui, oi*), vgl. Kehr p. 24.

Für Haut-Mainè finden sich einige Formen verzeichnet bei Montesson und in Schnakenburgs Tableau synoptique p. 268. Montesson: *ennuit* (hac nocte oder ˙hanc noctem?), *euets* (ŏclos\*), *mesé* oder *meshui* (magis-hodie˙\*), *tiruée; träe, traie; trouée* (trŏja). — Tableau synoptique: noctem: *nect;* coctos: *quiets.* — possiat\*: *pusse*, olia\*: *huile*, wie neufrz.

Über einige Reime ,von ǫ + *i* zu ę + *i* bei Benoit von Sainte-More vgl. Stock, Rom. Studien III, 492 und oben.

ǫ + *i* bei Wace reimt. nicht mit ę + *i* (s. Schulzke p. 14) und wird mit *ui* (mit *ui* aus $\bar{u}$ + *i* und $\bar{i}$ reimend) bezeichnet.

Hs. C hat auch hiér wieder einige seltsame Formen, die an solche aus dem heutigen Bessin erinnern: v. 6512 des Roman de Rou *qieure* statt *couire* A, B, D; sollte der Kopist *cǫrium* damit bezeichnen wollen? 7055 *orgieul*, A, B, D *orguel.* 10 630 *vieul* (volio). Man vgl. auch C *luien* = loig A, B, D 4848.

Die Vie des Th. Helie: *arriere* : *nuiere* (nŏcere) 737. Wohl als *puis, nuit* (144, 655) sind die vom Herausgeber Pontaumont mit

*pius* 104. 142. 181 etc., *niut* 599 gegen *nuit* 183. 200. 410 wieder-
gegebenen handschriftlichen Formen aufzufassen, wird doch in mittel-
alterlichen Hss. *i* nicht besonders bezeichnet. Der Reim *nuit* : *venist*
655 spricht zudem für unsere Auffassung. Wie aus einem älteren
*niut* ein heutiges *nięᵗt* (Fleury) hätte werden können, ist nicht ab-
zusehen.

Die Clef d'amour hat p. 14 *cuier* (cŏrium). Bemerkens-
wert ist hier auch *vielle* (voliat\*) : *duille* p. 54 (doliat\*), man ver-
gleiche noch *vielle* (dass.) p. 47. Andererseits p. 55 *vuille* (věcla.\*);
die Reime geben in dieser Beziehung keinen Aufschluſs, vgl. Schulzke
p. 34. — Bemerkenswert ist p. 100: *adieutes* (addoctas\*) : *siutes*
(sequitas \*).

Roman de Tri̓stan: *feu* : *queu* (cŏcum\*) 1261. — *uiel* (ocu-
lum) 3819, gegen *uel* 3839. *luiẹn* 4330.

Auch in normannischen Urkunden finden sich bemer-
kenswerte Formen für ǫ + *i*: Bei Delisle a. a. O. (Mém.) p. 259,
Nr. 1002. S. a. 1282 von Verneuil: *Vernieul* (Vernǫlium = Ver-
neuil) und *Verneul* aber in einer Urkunde derselben Baillie Nr. 1006,
p. 260, 1282: *Vernuiel* zweimal geschrieben.

Andere Belege für eine in der Basse-Normandie eingetretene
frühe, von der gemeinfranzösischen abweichende Gestaltung des ǫ + *i*
habe ich nicht gefunden.

Ein Blick auf die Gestaltung des ǫ + *i* in der heutigen Basse-
Normandie zeigt uns zwei total verschiedene Resultate, im Süden *è*,
im Norden, um nur das Prägnanteste herauszugreifen, phon. *iŏ'* (wir
sehen zunächst von den Formen des Cotentin ab). — Diese Ent-
wickelungen sind konsequent in jedem Gebiete durchgeführt. Beides
zusammen drängt uns den Schluſs auf, diese Formen seien keine
erst jüngst entwickelte, sondern von langer Hand vorbereitete. Eine
bedeutende Stütze gewähren uns hierfür die aus den Hss. des 13.
und 14. Jahrh. beigebrachten Belege; und daſs ihnen in der That
Bedeutung beigelegt werden muſs, glauben wir durch das eine *suere*
= sĕquere\* in Hs. A und Mundart des Cotentin genügend dar-
gethan zu haben. — Es liegt daher durchaus nahe, in den Schrei-
bungen *ei, oie, uie, ue* etc. (für ǫ + *i*) nicht nur verkehrte oder un-
genügende Bezeichnungen für ein und dieselbe Form der Vorlage,
sondern lautlich gerechtfertigte, aber ungeschickte Schreibweisen für
mundartlich verschiedene Formen ein und desselben Wortes zu sehen.

Wie *ei, e* — *ie* für $\varrho + i$ nicht zusammengeworfen werden dürfen, so wird auch *ei* (für $\varrho + i$) nichts zu thun haben mit *oie, uie, ue;* ebensowenig wie man *ie* zu *ei* umstellen darf, wird man *oie, uie* einfach zu *oei, uei* umstellen dürfen, denn abgesehen von der Willkür, die in einem solchen Verfahren liegt, sehe ich nicht, wie man dann zu dem Ursprünglichen durchdringt. — Gesetzt auch, es wäre die Umstellung in Hs. A zuzulassen, so schwindet diese Möglichkeit doch beim Erscheinen desselben *oie, uie* in anderen Denkmälern, wie der Vie des Th. Helie etc.

Wenn man ferner in A zur Rechtfertigung der Umstellung auf die sub $\varrho$ in offener Silbe Nr. 2 bis 4 erscheinenden seltsamen Formen als Analogon gegriffen hätte, so wäre man wenigstens nicht ohne, wenn auch scheinbaren Grund vorgegangen. Allein wir haben (ebendaselbst) gesehen, daſs die dortigen Umstellungen nicht rein willkürliche sind, sondern höchst wahrscheinlich durch veränderte Aussprache und andere Schreibgewohnheit veranlaſst wurden. Ähnliches bei *oie, uie* (für $\varrho + i$) vorauszusetzen, liegt daher nahe.

In der Normandie kannte man *üi* schon zur Zeit der ältesten Dichter als einheimische, einzige Entwickelung eines $\varrho + i$ in dem Teile östlich der Touques, der Westen kennt bis heute eine andere Entwickelung desselben; und doch haben die Dichter des Westens jenes *üi* mit in ihre Dichtungen aufgenommen (man vergleiche bloſs Benoit). Der tontragende Laut des volkstümlichen Produkts aus $\varrho + i$ scheint im Westen ein *e* gewesen zu sein, nicht *i* wie in *ui*. Die Schreiber, vielleicht schon die Dichter, fügten nun diesen wesentlichen Bestandteil dem bekannten ostnormannischen und „schriftsprachlichen" *ui, oi* hinzu (und hierin ist der Vorgang ein ähnlicher dem oben bei $\varrho$ in offener Silbe vorgeführten), oder sie lieſsen *i* (wie richtig) weg, woher *ue, oe* entstand. So im Norden der Basse-Normandie.

Anders im Süden. Das dort aus $\varrho + i$ entstandene *ei* schloſs eigentlich die Verwendung des *üi* dafür aus, denn die Laute lagen zu weit ab voneinander. Und doch geschah es, Zeugen dafür sind zunächst jene Schreibungen bei Benoit: *muire* (= m̦riat) für *meire*, sodann die umgekehrten Schreibungen *puire* (pĕjorem *), *vuil* (vĕclus *); und diese Verwendung des *ui* ist selbst wieder ein indirektes Zeugnis für unsere Annahme, daſs man es auch im Norden verwendete, ohne des Widerspruches zwischen Schreibung (*uie*) und Aussprache. (*ŭé*) inne zu werden.

Wenn man im Norden *uie* und *oie* nebeneinander schrieb, so scheint dies auf einem Wechsel in der Aussprache des ersten Elements zu beruhen; dafs aber der Laut nicht $\rho$ war, sondern etwa *ŏ*, scheint durch *ŭ* in *ŭie* (= *ŭe*) bedingt; *ŭ* selbst ist wiederum sichergestellt durch die spätere Entwickelung, ja es scheint in unserem Text selbst schon mit *i* zu wechseln (*Guernerie*). Wir kommen auf letzteres zurück. — War nun *ie* aus $\rho + i = i\varrho$, wie wir es oben wenigstens in einem Falle (*lie* : *milie* 3519) glauben nachgewiesen zu haben, so mufste das zu *i\varrho* reimende *ŭe*, *ŏe* = *ŭ\varrho*, *ŏ\varrho* sein.

Wir haben bis jetzt blofs die dialektische Scheidung der Formen betrachtet und *oie* (*uie*) als Schreibung zu erklären versucht.

Wie stehen nun aber die Schreibungen zu der Sprache des Dichters? Decken sich die einen Formen *ei* (= $\varrho + i$ und $\rho + i$), oder anderen *ie* = $\varrho + i$, *oie* (*uie*) = $\rho + i$ mit den seinigen, oder braucht er sie beide nebeneinander, oder ist keines von beiden der Fall?

Wir kommen damit auch auf die **Entstehung** der verschiedenen Formen zu sprechen.

Schulzke behauptet p. 30 seiner Dissertation, es sei wahrscheinlich, dafs Guill. de Saint-Paier *iei* oder *ei* für $\varrho + i$, *oei* für $\rho + i$ gesprochen habe, Kehr p. 45 *iei*, *ei* (= $\varrho + i$), *vei*, *ei* (= $\rho + i$). Wir haben oben *i\varrho* = $\varrho + i$ in einem Falle (*li\varrho* = illæ + i) nachgewiesen, es ist somit nicht wahrscheinlich, dafs *iei* in der Sprache des Dichters existierte. *lieis* 419 (A) kann als ἅπαξ λεγόμενον nicht beweiskräftig sein, wie Schulzke mit Recht bemerkt. *ei* = $\varrho + i$ läfst sich für den Dichter nicht direkt erweisen, immerhin spricht das Auftreten in beiden Hss. und heutiges *è* im Avranchin für seine Existenz in des Dichters Sprache und Text.

Centralfranzösisches, ostnormannisches und pikardisches *i* = $\varrho + i$ hat man aus *iei** durch Assimilation des *e* an die umgebenden I-Laute erklärt.

Wir können die Annahme eines ursprünglichen Triphthongs auch da nicht umgehen, wo $\varrho + i$ ein *ie* ergab, finde es sich nun neben *ei* oder allein. — Allein warum hat ein *iei** im Westnormannischen *ie* und *ei*, nicht *i* ergeben? Soviel mir bekannt, ist dafür

noch keine Erklärung versucht worden, und die folgende will nicht
mehr als ein Versuch sein, weil sie von nicht allgemein gebilligten
Voraussetzungen ausgeht. Da sie aber Anlaſs gab, interessante Er-
scheinungen moderner normannischer Mundarten zu besprechen und
in ein neues Licht zu rücken, ist sie stehen geblieben. Es könnte
die Entstehung von *ie* einer- und *i* andererseits in verschiedener
Accentlage des *iei\** ihren Grund haben.

Nach Havet, Rom. VI, 321 ff. (und Suchier, R. Zs. II, 290),
ging vulgärlat. *ẹ* in offener Silbe durch *ẹ́ẹ\**, *iẹ.\** zu afrz. und nfrz. *iẹ́*
(*iẹ́*) über.

Denselben Weg ging *ẹ*, wenn es mit folgendem *I-Element* kom-
biniert wurde, da, wo daraus *i* entstand, also: *ẹ + i* : *ẹ́ei\**, *iẹi\**. —
Anders in *cēra* (kēra), das durch *kjẹ́ra, kjẹ́ir* : *kire*, vgl. *chire* Bessin;
der Ton ruhte hier nie auf dem *i*.

Da, wo aus *ẹ + i* ein *i* sich ergab, muſste der Accent früh von
*i* in *iẹi* auf das *é* vorgerückt sein (im Zeitraume vom 9. bis 11. Jahr-
hundert), und damit verfiel *e* denselben assimilatorischen Einflüssen
der umgebenden *i*.

Länger als im Ostnormannischen, Französischen etc., wo *ẹ + i*
zu *i* wurde, muſs jener ursprüngliche Accent im Westnormannischen
beibehalten worden sein, und zwar so lange, bis das *ẹi* des Tri-
phthongen zu *ẹ* geworden; erst dann konnte *iẹ*, und *iẹ́* (oder *iẹ́*)
aus *iẹi* entstehen. Für das *ẹi* aus *ẹ* in offener Silbe steht es ziem-
lich fest, daſs es bei Wace und Guill. de Saint-Paier noch *ẹi* lautete,
die kontinental-normannischen Hss. kennen dafür bereits *ẹ* (s. oben
unter *ẹ* in offener Silbe). Es ist somit der Monophthongierungs-Pro-
zeſs wahrscheinlich schon um die Mitte des 13. Jahrh. vollzogen
(wenigstens im allgemeinen; gewisse Mundarten, z. B. diejenige der
Hague, haben die Durchgangsstufe *ẹi* in einigen Wörtern erhalten).
Benoit von Sainte-More hat aber für älteres *ẹi* schon *ẹ*. Die Tendenz,
selbst *ẹi* dem *ẹ* zuzuführen, muſs also schon in der zweiten Hälfte
des 12. Jahrh. vorhanden gewesen sein; *ẹi* in *iẹi\** war aber dem *ẹi*
um eine Stufe voraus, es konnte bei *iẹ* angelangt sein, als *ẹi* erst
bei *ẹi* ankam. — Wann die Accentverlegung erfolgte (von *iẹ* : *iẹ́*),
ist nicht zu ermitteln, daſs *iẹ́* in der zweiten Hälfte des 12. Jahrh.
erreicht sein muſste, geht aus dem oben nachgewiesenen *liẹ́* (illæ + i)
hervor.

Die Annahme eines älteren, ursprünglichen Accentes in *iẹi*

scheint durch das Verhalten einer altertümlichen Mundart der west-
lichen Normandie gestützt zu werden.

Fleury (Essai sur le patois normand de la Hague, Bd. V der
Mém. der soc. de ling.) bemerkt p. 177, daſs diese Mundart noch
fallende Diphthonge, und zwar folgende kenne: *ái, éi, áu (áū̃ō), áen,
áĕ, ie$^i$, ộụ̆ĕ, úĕ.* Daneben die steigenden: *iá, ié, iôu, ieû, eán (Jeán),
eau (pseáoume).*

Als Beispiele für *éi* führt er p. 296 folgende an: *mĕis* (mēsis\*,
*ĕ* bezeichnet halboffenes *e*); *crĕire* (crēdere), *trĕis* (trēs), *mĕi* (mē), *tĕi*
(*tē*), *frĕid* (frigidus), *pĕis* (pisum), *pĕisson* (piscionem\*), auslautend *fẹ*
(fidem), *nẹ* (nigrum).

Als Beispiele für *ẹ* in offener Silbe: *pie$^i$* (*e$^i$* mouill. *ẹ* bezeichnend,[1]
cf. p. 295), *bie$^i$n* (bĕne), *rie$^i$n* (rĕm).

Für *ẹ* + *i: die$^i$s* (decem), *dépie$^i$* (despectum).

Dieselbe Betonung des *i* in *ie$^i$* findet statt, wenn dieses nach
dem Bartschschen Gesetze statt *e* für *a* eintrat. Abweichungen siehe
p. 294.

Über das Alter dieses Accents bemerkt Fleury, soviel ich sehe,
nichts; da er ohne weiteres die Formen des Thomas Helie vergleicht,
so scheint er ihn als alt und ursprünglich anzunehmen; und in der
That ist nicht abzusehen, was eine Accentveränderung in dieser
Mundart, so daſs fallende Diphthonge entstanden, veranlaſst haben
könnte. Germanische Bevölkerung gab es auch im Bessin, und
doch kennt diese Mundart heute blofs steigende Diphthonge, siehe
unten.

Wir halten also vor der Hand an der Ansicht fest, daſs wir
es bei den fallenden Diphthongen der Hague mit der Erhaltung
einer älteren Sprachstufe zu thun haben, und dann sind *die$^i$s, depie$^i$*
für ein *iei*\* wichtige Stützen.

Im Avranchin, wie allgemein sonst auſserhalb des Cotentin,
sind die fallenden Diphthonge sehr früh aufgegeben worden; es wird
daher auch früh *ie* zu *ié* geworden sein.

e i = *ẹ* + i mit Schulzke, Kehr und früheren aus *iéi*\* durch
Abfall des ersten *i* zu erklären, scheint uns darum nicht zulässig,

---

[1] Was Fleury unter einem „mouillierten *ẹ*" versteht, ist mir nicht
klar, und auch zu anderen seiner Lautbezeichnungen hätte er einen Kom-
mentar geben sollen.

weil $i$ im Hiat vor dem Ton im Altfranzösischen des Kontinents nicht ohne weiteres zu schwinden pflegt.

Auch mit der Diphthongierung oder Nichtdiphthongierung eines $\varrho$ in offener Silbe kann $ei$ aus $\varrho + i$ nicht zusammenhängen, denn obschon $\varrho$ bei Benoit und Estienne de Fougères regelmäfsig diphthongiert, findet sich doch als volkstümliche Form für $\varrho + i$ nur $ei$ bei diesen Dichtern.

Liegt der Grund in den umgebenden Lautgruppen? Schützte $t$ in lẹctum den Diphthong $ei$ in daraus entstandenem lẹit' vor Diphthongierung? Aber warum findet sich denn im Süden auch peire (pẹjor), warum liet im Norden, das nur auf lieit* zurückgehen kann? Warum findet sich im Centralfranzösischen in jedem Falle $i$, gleichviel, ob ein erhaltener silbenschliefsender Konsonant folgte oder nicht, lit und pire?

Giebt man zu, dafs $\varrho$ in lẹit, pẹire, wenn nur $\varrho i$ in offener Silbe stand, noch zu $ie$ diphthongieren konnte,[1] so ergiebt sich eine einfache Lösung. lẹit vor vokalischem Anlaut konnte sich dann weiter zu liẹit* entwickeln, woraus centralfranzösisches lit, westnorm. liẹt entstanden.

Kam dagegen lẹit vor Kons. zu stehen, so blieb die Silbe geschlossen und es konnte sich nicht weiter entwickeln. — Schwieriger wird es schon, dasselbe für solche Wörter durchzuführen, in denen dem $\varrho + i$ kein Konsonant nachfolgte im Etymon, wie in pejor, illœ $+ i$.

Die Formen vor vokalischem Anlaut müfsten überall da verallgemeinert worden sein, wo $ie$, und $i$ aus $\varrho + i$ entstand, umgekehrt diejenigen vor konsonantischem Anlaut da, wo $\varrho$ vor $i$ erhalten blieb. — Ob diese Vermutungen stichhaltig sind, bliebe einer besonderen Untersuchung vorbehalten.

Das Avranchin nun liegt auf der Grenze dieser beiden Hauptentwickelungen $ei$ und $ie$; es ist somit wahrscheinlich auch aus diesem Grunde, dafs Guill. de Saint-Paier beide in seiner Sprache gekannt hat; nach welchem Grundsatze aber hier die Verteilung von $ie$ und $ei$ vor sich ging, vermag ich nicht zu erkennen, und ich kann nur wiederholen, was ich schon gesagt habe, eine vollständige Ver-

---

[1] Dies wird doch von allen denjenigen angenommen, die lit aus lieit* entstanden denken.

gleichung der beiden Hss. wird möglicherweise zu einem reinen Resultat führen. Dafs die Lösung nicht leicht ist, zeigt die einfache Thatsache, dafs dem ganz dem Avranchin benachbarten Mortainais *liet* (für lectum) eigen ist.

Wir wenden uns zu $\varrho + i$.

Für die Entstehung des nfrz. *ui* aus $\varrho + i$ hat Havet, Rom. III, 321 und IV, 119 ff. (Abhandlungen, die meines Wissens bis jetzt keine Widerlegung gefunden haben) die Mittelstufe, den Triphthongen *uoi** abgewiesen und seinerseits als solche *ői** angenommen.

Es ist die Frage, können wir von letzterer zu den Formen unserer Hss. und unserer Mundarten gelangen, und giebt es Gründe, die uns erlauben, die Mittelstufe *uoi** abzulehnen? (Über die einzelnen Schreibungen in jüngerer Form *uei**, *uoi** s. u.)

1) Die modernen Mundarten kennen keinen aus $\varrho i$ entstandenen Triphthongen.

2) Im Mittelalter ist er nicht nachzuweisen.

3) Ist der Schritt von *ői** zu *ei* im Livre des man. etc. kein grofser; *ei* kann entweder unzulängliche Schreibung für *ői*, oder aber, da die umgekehrte Schreibung *ui* für $e + i$ in denselben Denkmälern auftritt, durch Aufgabe der Lippenartikulation des *ő* wirklich $= \varrho i$ sein.

*ŏe** (*ŭe*) $=$ *oie, uie;* *ue* (Hs. B 2444) *ie* (*Guernerie, trifiere?*, *niez* Chans. d'Aquin) beruhen auf einer anderen Entwickelung des *ő* in *ői**.

Die heutige Mundart des Cotentin weist für $\varrho + i$: *ü, ŭə, ŭe, ŭeu, ie^i, iè* auf (Belege s. o.). Diese Formen scheinen unmöglich auf ein *uei* $=$ *uéi, oéi* zurückgehen zu können, die Entstehung eines *ü* ist hier gerade so unerklärlich wie die des *ü* im centralfranzösischen *ŭi*.

Dagegen konnte unter dem Einflusse eines *i, ő* in der Mittelstufe *ői* sehr wohl zu *ŭ* im Norden der Manche gehoben werden; die Reduktion des *i* zu *ə, e*, oder sein gänzlicher Schwund beruht darauf, dafs *ői** im Cotentin fallender Diphthong blieb, hat doch die Hague heute noch fallende Diphthonge, wie, wir gesehen haben. Anders mufste sich *ői** im Bessin gestalten. Dort würden die erhaltenen Diphthonge zu steigenden, mithin mufste sich auch *ői** in dem Sinne verändern.

Joret verzeichnet in seinem Essai p. 10 folgende Diphthonge: *oué, ouè, ouö̈, ouï, ieu, ouée, ouèe, ouō, ieū* („Díphthonge nach der hergebrachten Bezeichnung, in Wirklichkeit *ẇ* + *é*, — *è* etc.; *y* + *eu* etc.," Joret, Anm. ib.). Aus *ǫ́ͅi** entstand *ieu*, wobei man sich als Mittelstufen die Formen der Hague *ü̆'ę*, dann *ü̆ę̇*, *ü̆ę̇'**, *ü̆ǫ́**, *iǫ̈* denken mag, entstanden ihrerseits durch Accentversetzung, Assimilation und Dissimilation.

Jene Stufe *ü̆ę* (*ǫ̈ę*), vielleicht schon *ü̆ę̇* (*ǫ̈ę̇*), scheinen nun unsere *oie, uie, ue* darstellen zu sollen. Die Formen der Hague: *piᵉi* (post), *piᵉisse* (possiam*), *nieᵢt* (noctem*), zeigen ihrerseits einen weiteren Schritt, die Aufgabe der Labialisierung des *ü̆*, womit dieser Extremvokal in *i* überging. Gleich scheinen *Guernerie = Guernerue, trifiere = trifuere* unseres Textes A beurteilt werden zu können. (Man vergl. u. *ǫ* + *i: condit*.)

Ob *ü̆ę̇* (*ǫ̈ę̇*) eine Form unseres Dichters ist neben *ęi*, oder ob er ausschliefslich nur das eine oder das andere gesprochen hat, vermag ich ebenso wenig zu entscheiden wie bei *ei* und *ie* = *ę* + *i*. Dafs auch im Süden der Normandie, in der Bretagne selbst, Formen sich finden, die auf ein *ü̆ę* zurückgehen, da das Avranchin ferner Grenzgegend ist, so hat es den Anschein, das *ü̆ę** sei einst weiter verbreitet gewesen, als die heutige Form (*ė*) zu schliefsen erlaubt.

Ein Wort bleibt zu sagen über *suere, suiet* = sĕquere*, sĕquit*. Das Etymon weist einen dem *ę* folgenden Labial auf. Auf dessen assimilierenden Einflufs möchte ich die Entstehung des *ü̆* zurückführen. *i* in *suiet* müfste dann auf demselben Wege gekommen sein wie *i* in *noiet* etc.

Was ferner vortoniges *ę* + *i*, *ǫ* + *i* betrifft, so dürften wir im Norden wie im Süden dafür *ęi* (resp. *ǫi*) erwarten. Wenn in einzelnen Fällen für *ę* + *i* *ie* erscheint, so mag dies auf falscher Analogie mit *ie* = *ę* + *i* in der Tonsilbe beruhen.

Gerade so bei *ǫ* + *i*. Unser *Oiesmeis* (Text A, v. 540) ist aber nach heutigem Hiémois zu schliefsen nicht eine dem Schreiber anzurechnende Unregelmäfsigkeit.

### 37. *ǫ* in geschlossener Silbe

bleibt erhalten und reimt nur mit sich. Belege: *gros : dos* 126. *cors : fors* (*ǫ* in rom. Position) 1286. 1342. 1882. 2351. *portes : fortes* 2667.

Aufserhalb des Reimes *mort* 101. *forz* (foris) 125. *cop* (colpus) 138 etc.

*ou* aus $\varrho + l$ in *pouce* 847. Vgl. *foudre* 1420.

$\varrho$ gedeckt vor *n* wird zu $\varrho$, bezeichnet durch $\varrho$ und *u* (vgl. oben V, *30*).

*38. Vortoniges* $\varrho$

blieb erhalten, vor Labialen erscheint auch *ou*.

1) Vor einfachem Konsonant: *voleit* 209. *volum* 418. *voleient* 608. *trova* 234. 240. *trovez* 430. *trové* 472. *trouvout* 1417. *trouvee* 2646. *trouvé* 2669. *soleit* 406. 2840. *obleient* 972. *enorables* 1274. *enora* 1683. 2381. *adolé* 1305. *morut* 1503. *movrunt* 2079. *dolor* 3368. *coroné* 2443. *ovrer* 2557. *oublia* 2985. *oubliee* 3099. *morir* 3220. *moveit* 3307.

Aufserhalb des Reimes findet sich *ou* noch in *ouvriers* 251. *ouvra* 321. *couvrir* 1956. *couvrit* 2592. *estouveit,* von stŏpēre* 3063. 3320. Auch in *courage* 3418.

*ue* aus *huese* übertragen in *huesels* 516.

$\varrho + u$ liegt dem *u* in *jugleor* 767 zu Grunde, nach Förster, Rom. Stud. 1878, p. 187.

Zu *a* wurde vortoniges $\varrho$ in *achaison* 128. 1031. *apresse* 1460. Zu *e* in *en(n)or* 40. 1303. 2369. *ennoree* 490. *ennoreir* 1173. *enorout* 1177. 2180. *enorables* 1274. *enora* 1683. 2381.

Dieselbe Veränderung des $\varrho$ in *e* in *hŏnorem* und den davon abgeleiteten Wörtern findet sich im Livre des manières, s. Kehr p. 16, zugleich mit (wohl nur graphischer) Verdoppelung des *n;* auch in den südwestlichen Dialekten der Langue d'oïl, siehe Görlich p. 76, auch in Waceschen Hss. siehe Andresen, Roman de Rou, Teil III, 510 etc.

*devoré* 115. *demoreir* 199. *rosee* 377 haben auf $\varrho$* zurückgehendes *o*, vgl. $\varrho$ in offener Silbe.

2) Vortonig im Hiat: *roolee* 315. *roont* 438. *aloex* (adlocatum) 1357. *poant* 2263. *poeste* 164.. *poestei* 2428. *joast* 2568. *joouent* 148. *roelant* 316. *oïl* 303. *enfoï* 1565.

Assimiliert ist $\varrho$ an *ŭ* in: *esmeüe* 814. *estëust* 1221. *commeü* 1384. *meü* 1636. *meüz* 1865. *reconneü* 2635.

3) Vortonig gedeckt: *crolla* 288. *molliee* 373. 844. 960. *adossée* 543. *porreient* 1963. *porras* 2642 etc.

## VII. Vulgärlat. ū (klass.-lat. ū).

### 39. u in der Tonsilbe

bleibt wie in der Vortonsilbe, erhalten (resp. = *ü* wie gemeinfranzösisch).

*oscure* : *cure* 74. *entendu* : *retenu* 168. *avenuz* : *deceuz* 182. *teu* : *deceu* 190. *pertus* : *desus* 216 (pertusum\*, cf. prov. pertus, desūsum für desursum). *desus* : *sus* 582. *sus* : *jus* 252 (sūsum\* : jūsum\*) etc.

*aucuns* 2302; aber durch Übertragung von *huens* : *alcuens* 2247. *aucuen* 2323.

Ich schliefse gleich an:

### 40. Vortoniges *ū*:

*remuer* 286. 325. *muer* 642. *jugout* 1260. *jugement* 1262. *regulerment* 1780 etc. Auch in *fuier* (nach Havet, Romania III, 330 *ü*\* nach Analogie des Perf.) 2611.

### 41. *ū* + *i*

wird zu *üi* und reimt mit *i* aus *ī* und *üi* aus *ǫ* + *i̭*, s. *32, 2*, ist also *üi*.

*destruie* : *deduie* 1402. *lui* (: *senti*) 2604.

Von lateinischen Diphthongen kommt blofs **au** in Betracht.

## VIII. Lat. au,

das ausnahmslos zu *o* geworden, reimend nur mit sich:

### 42. In der Tonsilbe:

*chose* : *alose* 1742. : *pose* 2257. *tresor* : *or* 2709.

Aufserhalb des Reimes: *os* (audis) 361. *or* 896. *chose* 1719. *tresor* 1887. *clos* 1958. *enclos* 1349. *loent* 3682. *oent* 3575.

Vor Labialis steht wiederum *ou*: *pouvre* 916. 1268 etc., gegen *povre* 1174. — Lat. aut: *ou* 188. 599. 1896. — Sekundär entstandenes au: *clous* (clavum) 862. *ou* (apud hoc) 148. 149. 1114, neben *od* 268. 322. 354. 589, auch vor Konsonant 268, *o* 271. 842.

*43. oi = au + i*

belegt nur in der vortonigen Silbe: *oiselet* 778.

*44. Vortoniges o aus au:*

*estoree* 4. *oster* 271. 321. 326. *hosteiz* (haustatum\*) 735. *ostat* 1079. *esjoï* 280. 504. 636. *oïr* 48. 1944. *oïst* 3262. *oï* 279. 505 etc.

---

## B. Konsonantismus.

Da reiche Reime in unserem Text nur wenige vorkommen, so kann für die wenigen Abweichungen vom Gemeinfranzösischen oft nicht entschieden werden, ob sie dem Dichter oder bloſs einem Kopisten zuzuschreiben sind. — Wir werden hauptsächlich auf sie unser Augenmerk lenken.

### IX. L.

*45. Spuren der Vokalisation des l vor Kons.* finden sich bereits in der Sprache von Guill. de Saint-Paier, bemerkt schon Förster, R. Zs. I, 565 ff. (cf. auch Ulbrich, R. Zs. II, 538). Beweisende Reime sind spärlich:

*Fulcout* (Fulcoldus aus fränk. Fulcoaldus) : *out* (habuit) 2172. *vout* : *out* (voluit : habuit) 3014.

*veut* neben *vuelt* (s. o. VI, *34*) kann anderer Mundart entstammen und vom Schreiber gesetzt sein, oder letzteres ist die ältere Form, ersteres die erst nach Vokalisierung des l begreifliche, das Vorhandensein beider in demselben Texte die erst begonnene Vokalisierung des l bestätigend (mit Förster).

Graphisch steht *u* für *l* natürlich schon sehr häufig, und Beispiele fälschlicher Setzung fehlen auch nicht.

Reime: *eschalfaut*[1] : *haut* 1004. *veut* : *seut* 1372, gegen *velt* :

---

[1] Da der Vers 1003 eine Silbe zu wenig zählt, so ist *eschaalfaut* zu lesen, wie Chron. d. Benoit de Sainte-More 11832. 34783. 32288.

*selt* 600. *realmes* : *Guillalmes* 1488. 2441. *Teibalt* : *asaut* 1598. *continuels* : *mortels* 1658. *Michiels* : *ciels* 2230. 3340.

**V o r  d e m  T o n:** *autrier* 118. *hauteice* 421. *outrée* 765 (Pilgerruf, s. Gaston Paris, Rom. IX, 44). *escolteiz* 1019. *colchies* 1231. *faussete* 1264. *dolcement* 535. 1107. 1188. *outrageis* 1412. *foudre* 1420. *escolter* 1569 neben *escoutez* 1892. *augiez* 1896 (aleatis*). *autretant* 2159.

*isnelement* (viersilbig) 1609. *isnelment* 3597. 3604 (dreisilbig gebr.), einmal *isnaument* 747.

Über die Gestaltung des *l* in Suff. *ellus* s. III, 23. Die jüngere Form *beaus* 1880 ist vereinzelt.

*46. Ausfall des l vor Kons.* in *cop* 138. *docement* 992. *Hidebert* 3068. *Hideman* 3080. — Fiel es ab in *que* = qualis, vor *leu* 2216? — Ausgelassen ist es in *vie* (= vilis) 2614.

*47. Übergang in r* wie gemeinfrz. *pelerin* 605. 757. 956 etc. *epistre* 997. *chartres* 1810. 2265.

Für den Dichter gesichert durch den Reim in *apostoile* : *memoire* 2280. Vgl. *apostres* 185.

*archangre* : *angre* 2533, ersteres noch 3610. 3717, letzteres 3486. Daneben *angle* 1931. 2559. 2643.

*48. Mouill. l* wird inlautend verschieden ausgedrückt:

1) *conseillie* 262· *apareillie* 648. *baillie* 1591. — *faillant* 7. *genoillons* 575. 827. *ameillora* 1692. *vaillant* 1930.; *bailliz* 1950. *veillerai* 2565. *desconseillee* 2914. *faille* : *bataille* 3350.

2) *molliee* 373. 844. 3160. *tallier* 511. *agenollie* 580. 619. *balliez* 620. *aparellie* 874. *mollier* (muliérem*) 2358.

3) *follu* (aus folium + utum) 781. *molla* (molliavit*) 960. *falli* 983. *vallanz* 1757. 2094. 2352. *orguellous* 1763.

Über *pailes* : *scandales* 1226 s. o. I, 7.

Im Auslaut: *apareil* : *conseil* 226. — *traval* 1992. 3365.

Vor flexivischem *s (z)* nach *i* wird es (zum Teil auch graphisch) unterdrückt: *filz* : *serviz* 2937. : *apouvriz* 3123. : *gentiz* 2945.

*49. Fälschlich steht l* in *solzlevant* 314. *eschalfaut* 1003. *desolz* 2522. *prevolz* (præpositum) 2230. *d'aultres* 2348. *il* (ibi) 56. 265. 683, richtig *i* 392. 943, umgekehrt *ille* = *i* 3070.

*50. Lat. Gemination ist vereinfacht.* Beweisend ist *navile* : *mile* 1384.

Belege sind häufig: *belement* 574. 1308. *iluec* 1046. *chapele* : *bele* 1050. *apelee* 1127. 1872. *apeleir* 1705. *seielez* 1801 etc., aber *villain* 289.

## X. R.

*51. Einschiebung* eines *r* fand statt in *quartre* (wohl blofser Schreibfehler) 3529. Gemeinfranzösisch dagegen in *escientre* 2347. *fresteals* 781.

*52. Umstellung* findet sich in *mesprendre* : *mespernant* 8. *esperneit* 2518. *esperneient* 2541, man vgl. hierzu Andresen, Roman de Rou III, 534, wo Ähnliches aus Waceschen Hss. aufgeführt wird.

*53. Hiattilgend (?)* und zu diesem Zwecke eingeschoben steht es in *soron* (secundum) 1085. Livre des man. *seron* 272. Vgl. dazu Tobler in Kuhns Zs. XXIII, 415. Förster in R. Zs. I, 564.

*54. Vor l wird r an dieses assimiliert,* ein gemeinnorm. Zug: in *Kalles* 1457. 1478. 1480. 1494. 1630. Dahin ist wahrscheinlich auch *reparlerons* 2469 zu rechnen. Dagegen *parlement* 1562. 1753.

*55. Ausgefallen* ist *r* im Inlaut in *herbegerez* 624. *herbeia* 2719, aber *herbergie* 640.

Im Auslaut ist es ganz weggefallen im einsilbigen *pa* (= par = per), wenn es vor Konsonanz stand, wie v. 780. 832. 1606. Dagegen blieb *r* vor Vokal = *par* 787. 791. 798. Einmal auch vor Kons. 808. Dieselbe Regel, die in unserem Text hier schon angedeutet ist, gilt heute noch z. B. im Bessin, s. Joret, Essai p. 22: *par* steht vor Vokal, *pa* vor Kons. Dieselbe Tendenz zur Verstummung des *r* vor Kons. und aus vielen Texten bekannt findet sich in den Reimen nicht selten schon für des Dichters Sprache gesichert, vgl. p. 28 u. 55. Der Schwund des *r* vor Kons. scheint aber noch nicht durchweg vollzogen zu sein, denn streng sind geschieden: *dus* (dux) : *plus* 2373 und *murs* : *durs* 2138.

*56. Übergang von r zu l* findet sich wie gemeinfranzösisch in *palefrei* 771. *mestrealtel* 2071. 3561. *fieltre* ($\varphi \varepsilon \rho \varepsilon \tau \rho o \nu$ = feretrum) 2709. Dagegen *fiertre* 1339. *Elnol* 1553 *Ernol* 1601 gehen wie *Aernolf*, Waces Rou 683, auf Arnulfus zurück.

*57. Ursprünglich geminiertes r* ist wenigstens graphisch meist erhalten. Indessen sind auch graphische Vereinfachungen nicht selten: *corue* 928. 1381. *arousees* 866. 961. *aresteu* 952. *coreient* 441.

Neu entstand die Gem. *rr* in den kontrahierten Formen des

Fut. und Condit., s. o. Einleitung p. 11. Oft durch *sr* ausgedrückt: *esrouent* 3392. *esrei* (iterati\*) 538. *esré* (dass.) 565. 799. *esreir, esrer* 1021. 3428. *disrai* 2387. Nach Analogie des im Fut. eingeführten *dirrai* scheint auch der Inf. sein *rr* bekommen zu haben: *dierre* 411. Fälschlich steht *rr* auch in *porroisse* 3705.

## XI. M.

*58. M wechselt mit n am Silben- und Wortschluſs,* s. auch XII, 64. *non* : *guion* 82 (nom[en] : guidon[em]\*). *non* (= nomen) noch 453. 1205. 1429 etc. *conte* (comitem) : *honte* 462. *congé* 1817 (commeatum). *conté* (computati) 1823. *volum* : *digression* 418. *savum* : *baston* 836. *trovuns* : *successions* 1066.

· Daher auch *m* für *n*: *chascum* 2733. *chamdelébre* 899, *gomfanom* 895 (vgl. ital. gonfalone).

Vor folgender Dentalis tritt natürlich die dentale Nasalis ein: *prinsomme* 2588, oder die Beibehaltung des *m* führt die Einschiebung von *p* herbei, wie in *presumpcion* 2622.

*59. Gruppe ml schiebt b ein: assenblei* 213. *asemblé* 2755. *assemblé* 2759. 2762. *semblables* 1807. *resemblanz* 3645. Dafür *p* in *semplant* 1869. — *embler* 410. 1576. 1583. 2000. *humilement* 1005 ist Latinismus des Schreibers, der Vers verlangt *humblement.* Ebenso wird

*60. mr zu mbr: chambre* 192. *membre* (memoro) : *Novembre* 1124. *numbre* 1066. *remembreir* 3026.

*61. rm + Kons. wird zu r + Kons.* in *enferté* 1184. 2981, aber *m* bleibt in *conferm* 2212.

*62. mn* wird zu *mm, nn, mpn, m;* im Auslaut zu *n. homme* 124. 248. 2435. 3043. 3054. *somme* 171, aber *sonne* 173. — *dampner* 2247. *dampnez* 2691. — *Dame* : *ame* 1506. *fame* 79. 2985. 3534. 3651. *dame* noch 3060. 3078. 3589; dominus aber ergab *dan* 587. 2753. 3068. 3080. Anders in *Dam le Deu* 262. 383. 507. 1747 etc. *dameisele* 1485.

Latinismus ist: *omnipotent* 3023.

## XII. N.

*63. Übergang in r* findet sich in *Estienvre* 65. *ordre* 894. *diacres* 1095. *joenvres* (juvenem) 1461. *jouvres* (dass.) 1642. *imagre* 3758.

*64. Im, Auslaut wechselt n mit m,* s. auch XI, *58. son* (suum) 173. 256. Berechtigter Wechsel in *em* 814, 1413 (in), da es vor *plusors* steht; ebenso in *empres* 837. 1507. 1885. 2171. *empenser* 1539. 1765. *emperneient* 2541. *em puisse* 2222. *emprist* 3552.

*65. Nach r fällt n im Auslaut ab.* Einzige Ausnahme ist *enfern* (infernum) 2308.

*66. Die lat. Gem. nn* ist vereinfacht. Das beste Zeugnis hierfür sind die vielen Belege für nn, wo es etymologisch nicht gerechtfertigt ist: *ennoree* 409. *avironnee* 823. 855. *ennoreit* 1173, gegen *enorout* 1177. *ennemis* 1572, gegen *enemis* 1600. *certeinnement* 1699. *baronnie* 2025. *ennor* 2437. 2780, gegen *enora* 2776.

*67. Einschiebung eines n* findet sich wie auch sonst im Afrz. in *ensement* (prov. eissamen = ipsamente\*) 175. 376. 562. 569. 617 etc. Fälschlich in *rentens* (: *ventes*) 1079; das unmittelbar darüber stehende Reimwort *tens* läßt leicht den Grund der Schreibung *rentens* erkennen.

Anders verhält es sich mit der Einschiebung eines *n* in den schon unter *12,* o genannten Fällen wie *enmei* etc. Freilich vermögen wir die folgende Erscheinung,

*68. Die Anschiebung eines n* im Auslaute des aus ecce hoc entstandenen *ce,* wenigstens im Simplex*heute nicht mehr nachzuweisen, und doch spricht die Häufigkeit des *cen* und dessen Verbreitung in alten Texten für dessen wirkliche Existenz in der westlichen Normandie mindestens im 13. Jahrhundert. In unserem Texte findet sich *cen* 81 mal (vor Kons.), 11 mal vor Vokal; die Nebenform *ce* 40 mal vor Kons., 10 mal vor Vokal. *icen* 25 mal vor Kons., 2 mal vor Vokal, 2 mal *cel* (Neutrum); *cen* wird *s'en* geschrieben v. 937. 2567.

So erscheint auch *ego* als *jen* 480. 2212. 2906. 3450. Der Umstand, daß *cen, jen* vor Kons. wie vor Vokal ohne Unterschied gebraucht werden, schließt die Annahme eines Einflusses von seiten des folgenden Lautes aus.

In unserer Hs. A finden sich verschiedene Beispiele, die beweisen, daß *n* von unserem Schreiber undeutlich bezeichnet wird, vgl. *romieus* = *romiens* v. 13 (die Pirchsche Abschrift liest *romiens*); so liest dieselbe v. 53 auch *ceu* für *cen* in A und 2399 *Canse* statt *Causé* (= *Chausey, Calsoi,* Urk. von 1022, vgl. Le Héricher in der angeführten Abhandlung in den Mém.). Aber dem gegenüber finden sich doch jene 106 Belege für *cen* (*icen*), die ein Verlesen von seiten des Kopisten oder Thomas Wrights und Michels als durchaus unwahrscheinlich darthun. Und *cen* = ecce hoc findet sich auch in anderen Texten:

In der Vie des Thomas Helie im ganzen 6 mal (worunter viermal *chen* [821 fälschlich]). *ch'* auf *che* zurückgehend 4 mal, dieses letztere 3 mal, *c'* einmal.

In der Clef d'amour findet sich *cen* etwa 110 mal, *che* 1 mal (p. 73). *ce* 28 mal vor Vokal, silbebildend. Inkliniert = *c'* p. 32 und 33 je einmal; *ceu* p. 3. 7. 8. 9. 10. — ego = *jen* 7 mal neben *je* (20 mal) und *j'* (5 mal).

Die beiden letztgenannten Texte weisen für *c* + *e (i)* + *Vokal* meist *ch*, für *c* vor *a* meist *c* auf.

Von den in Hs. A enthaltenen Stücken aufserhalb unseres Romans enthält blofs das Fabliau de Jouglet unsere Formen: *cen* : *jen* für v. 263—69 der a. a. O. (p. 269) publ. Hs.; *jen* v. 287, *cen* : *cen* 351 u. 352.

Wichtig vor allem ist es, dafs dieses *cen*, das ich sonst nirgends in afrz. Texten gefunden habe,[1] sich auch in den normann. Urkunden wiederfindet.

So bei Du Cange in seinem Dict. med. et inf. lat. s. v. scacarium, wo eine Stelle aus der Vetus Consuetudo Normanniæ M. S. I, part. 5. distinct. cap. 7 wörtlich wiedergegeben ist: *cen* findet sich hier zweimal.

So auch in den von Delisle in den Mém. XVI publ. Urkunden: p. 134 von 1260, Pont Audemer. Einmal *ceu*. Zweimal *che*. Einmal *ce*. Sechsmal *cen*, zweimal *chen*.

p. 199, N. 852, 1315, Coutances. Zweimal *cen*, viermal *ceu*.

Auch in jüngerer Zeit ist wenigstens *chen* vorhanden bei Louis Petit: Muse Normande, nach Joret: Du C dans les langues romanes p. 270, neben *chu* (das seinerseits schon in Hs. C des Waceschen Rom. de Rou v. 1910 neben *eu* 2527 sich findet).

Wenn auch Gachet für den pikardischen Dialekt neben *cou* ein

---

[1] Einmal blofs in Bonnardots Chartes franç. de Lorraine et de Metz, Paris 1873, p. 27 (vom Jahre 1251), wo sonst immer ceu, wie in dem Dialogus animæ quærentis, Romania 1876, p. 269 ff., so dafs die Annahme eines Versehens im ersteren Falle nahe liegt.

*cen* (= heutigem *san,* cf. Corblet, Glossaire du patois picard) ver-
zeichnet, so ist meines Wissens *cen* (wir sollten eigentlich im Pik.
*chen* erwarten) in altpikardischen Texten nicht belegt, und wir werden
also zunächst daran festhalten können, darin eine Eigentümlichkeit
unserer Texte und damit der älteren Sprache der Normandie zu sehen.

In einer heutigen Mundart, derjenigen der Hague, ist dieses
*cen* wenigstens in Zusammensetzungen noch vorhanden. Für. frz.
*ceci, cela* findet sich hier *'cen lo, cen la; chen lo, chen la; .chen'no,
chen'na* (bei Fleury, Essai p. 323 ff.). Sonst findet sich hier wie im
Bessin blofs *che* (ebenso im Avranchin nach Le Héricher, Hist. et
Gloss. neben *çu, ce*). Fleury glaubt, *cen* bei Thomas Helie sei aus
*cel* (ecce illum* für ecce illud) durch Übergang von *l* in *n* entstanden
und stellt auf eine Linie damit *n* in (les) *ciens,* (les) *ciennes* = ecce ·
illi und illæ (auch im Avranchin nach Le Héricher a. a. O. [la]
*sienne* = ecce illa), umstrittenen Formen (s. darüber bei Fleury
p. 324, Anm.) was Etymologie und Schreibung angeht, ,die daher
vor der Hand für die Erklärung von *cen* nicht zu verwerten sind. ‘

Da Übergang von *l* zu *n* sonst in diesen Mundarten nicht ein-
tritt (auch die alte Sprache weist nichts Ähnliches auf), so scheint
mir jene Ableitung von *cen* aus *cel* unsicher zu sein.

Es giebt in den westlichen Mundarten ein epithetisches *n*, oder
Nasalierung eines auslautenden *i* bei Partikeln, z. B.: *chin* (eeee hic),
*stichin* (celui ci), *parchin* (par ici), *ainchin* (ainsi), im Avranchin, nach
Le Héricher, Hist. et gloss., *ichin* (ecce hic), *in* (ibi) im Bessin (Joret,
Essai p. 14. 38), *chyn* oder *ichyn* in der Hague (Fleury p. 323 ff.).
Aber auch sonst wird in diesen beiden letzteren Mundarten aus-
lautendes *i* gerne nasaliert, ja selbst im Inlaute, vgl. bei Joret p. 14
*c'minse* (camisia), eine Erscheinung, die (wenn Montesson zuverlässig
ist) sich auch in Haut-Maine: *mins* (misi), wiederfindet, also weiter
verbreitet ist. Ein solches *n* könnte auch in *ce-n* eingedrungen sein
und eine Partikel, wie „*en*" .(v. homo), Einfluſs geübt · haben.

*69. Mouilliertes n.*   Entstanden aus *n(d)* + *Hiat-i, ng* und *gn*
und einfachem *n*, wird es ausgedrückt durch *ngn, gn, (i)n(i):* Aus
den Reimen: *Bretaigne : grifaine* 50. *Gargaine : Campaigne* 502
(Mons Garganus in Apulien und die römische Campagna). *Moriaigne*
(Mauretania) : *Losaine* (s. o. unter *a* + *ñ*) 556. *montaignes : pleignes*
(plancas*) 784. *Campagne :. Gargaigne* 1132. *enfregne* (infrangat) :
*maigne* (maneat) 2279. *moine : testemoine* 1376. *moine* (mǫnius*)

findet sich noch 15. 24. 1561. 1850, als *moigne* 70, als *moisnes*
2775. 3057. 3133. Ebenfalls blofse Schreibung ist *areigne* : *humeine*
468, gegen *areine* 466. Mouillierung eines einfachen *n* zeigt sich
auch in *verrignes* 973. *fontaigne* 1139 (aber *fontaine* 3231). *Seigne*
(Sequana) 1387. *Estiegne* 2993. *magne* (das „Manna" der Bibel)
3468. 3480.

ngn in *compangnes* 2545. *plengneit* 2603, gegen *pleigneit* 2650.

Zum Palatal wurde Hiat-*i* in *eschange* : *estrange* 136; ebenso
in den normann. Konjunktiven: *deviengent* 1879. *jëungent* 3260.
Ähnlich möchte ich *teigent* 1059 als für *tiengent* stehend erklären
(s. auch oben III, *21*).

Silbeschliefsendes *ñ* erscheint als *n, ng, g: engiens*
299. *engien* 1584. *angieg* 3272. — *loig* 442. 1142. *log* 475. *loing*
73. 744. *long* 658. — *enoiz* : *loigz* 1202, vgl. *noinz* (nuntium) 506. —
*besong* 1144. 2224. *besoig* 2913. — *plaign* (vgl. o. *plaignes*) 2394.
*seign* 2423.

Die Bezeichnung von auslautendem *ñ* durch *g* findet sich auch
im Livre des man., und Kehr bezeichnet sie fälschlich als pikardisch
(p. 30). Dieselbe Schreibung findet sich u. a. auch in den südwest-
lichen Dialekten der Langue d'oïl, cf. Görlich p. 82, in Benoits
Chronik 10415. 11339 etc., in Waceschen Hss., s. Andresen, Roman
de Rou III, 533 etc.

*70. n fiel aus,* doch nur durch Schreibversehen, in *poit* (= punc-
tum) 1748. *E = en* 2273.

## XIII. T.

*71. In- und auslautendes lat. t.* Die Fälle, in denen es im Norm.
aus- resp. abfiel, haben Mall, Comp. 8, 21—22, Gaston Paris im
Alexius p. 98, endlich Suchier, Bibl. norm. I, XVII ff. des ein-
gehendsten erörtert. Ich kann mich, da jene Ausführungen, soweit
sie das Norm. betreffen, auch für unseren Text gelten, kurz fassen.

Ursprünglich und sekundär gestütztes *t* blieb in- und auslautend
erhalten, ebenso *t*, das im Lat. in Verbalformen im Auslaut stand,
doch dieses mit gleich zu nennenden Ausnahmen.

Ursprünglich zwischen Vokalen stehendes *t* fiel aus; es fiel auch
ab im Auslaut hinter *a* in Verbalformen. Als *d* blieb es in der
Schreibung *ad* (habet) 214. 364. 796. 844. 1081 stets vor folgendem
Kons. und aufserhalb des Reimes. Dafs diese Form nicht auf den

Dichter zurückgehen kann, beweist der Reim *jà* : *a* 920. — Für die Verstummung des *t* sonst hinter *a* sprechen: *là* : *crolla* 288. : *commanda* 510. : *atocha* 934. 1294 etc. Ebenso hinter dem aus *a* erwachsenen *e* im Pc. Perf.: *De* : *osté* 322. *Laigné* : *ale* 548. . *pitied* 1213 erklärt sich aus dem darauf folgenden *dels*. Fehlerhaft ist auch *cired* 1240.

Ausnahmen von der Regel, dafs *t* im lat. Auslaut erhalten blieb, bilden die 3. Pers. Sing. Perf. auf -*it* und *fut* (fuit). Die Schreibung folgt der Aussprache: *falli* : *merci* 984. *eissi* : *respondi* 1768. *lui* : *confondi* 3238. *oï* : *atendi* 3377. *vesqui* : *servi* 3882. Auch im Pc. Perf. *esjoï* : *oï* (auditum) 406. 636. *vi* (vidi) : *oubli* (oblitum). Dagegen steht festes *t* in *dit* : *escrit* 1756. Doch ist der Abfall in der 3. Sing. Perfekt. blofs fakultativ, das beweisen folgende Reime: *dit* : *combatit* 3360. Vgl. ferner *vit* : *espandit* 848. *vestit* : *dit* (dictum) 868. Daher wird man z. B. *oït* : *esjoït* 808 stehen lassen können.

*fut* und *fu*: mit festem t: *fut* : *jut* 456. : *dut* 674. : *crut* 1746. : *aparut* 3407. Mit losem: *fu* : *vestu* 1324. : *tenu* 1334. : *avenu* 1336 etc.

In der 3. Sing. Präs. Ind. der Verba lat. I. und Konj. der Verba lat. II., III., IV. Konjugation: -*at* ist *t* stets geschwunden. Beweisende Reime sind folgende: *estreice* : *hauteice* 422. *s'alose* : *chose* 1742. *demande* : *grande* 1938. *humilie* : *partie* 2253. *escumenie* (excomunicat) : *marie* 2305. *passe* : *basse* 3623. *secore* (succurrat*) : *demore* (demorat) 108. *fiere* (feriat) : *arriere* 138. *face* : *manace* 1736. *die* (dicat) : *vie* 2106. : *Normendie* 2375.

Ausnahme macht blofs *ait* (habeat), das „seit" (lat. sit) angeglichen ist. : *fait* 2621.

Die Verstummung des *t* in diesen Fällen geht auch hervor aus der notwendigen Elision des *e* vor folgendem Vokal; vor *h* wird es jedoch gemessen: 218 *face hastivement*. — *noet* 56 steht für *noent*, der Kopist hat den Strich, der *n* anzeigen sollte, vergessen.

72. *tr ergab r*, häufig noch mit *rr*, *sr* etc. bezeichnet. *arriere* : *fiere* 138 (feriat); dagegen *eirre* : *proveire* 122. *lerres* 239 (latro); vortonig in *larrecin* 203. *Perron* (Petronem*) 1191. 1309. *norrisseit* 1279. — *esrei* 538. 2032. Andere Beispiele s. u. *r* X, 57. — Formen wie *peire* (patrem) 1275. *proveire* 122 sind nicht so aufzufassen, als ob *tr* hier wie im Prov. und Südwestfrz. *ir* ergeben hätte, vgl. Görlich a. a. O. p. 85, wo er diesen Vorgang für die südl. Dialekte feststellt.

*73. Ursprüngliche Geminata* ist auch hier vereinfacht; übereinstimmend damit die Schreibung in *metrai* 1054.

*74. Unberechtigtes t* findet sich in: *en est le pas* 365 neben *en esle pas.*

*Autbert* 154. 1367 u. ö. ist aus germ. *Audoberhtus,* in fränk. Urkunden s. Waltemath p. 15 seiner Diss.: Über die fränk. Elemente in der französ. Sprache, Paderborn 1885, entstanden. v. 133 findet sich dafür *Albert* geschrieben, in volksetymologischer Anlehnung an *Aubert — Albert.*

## XIV. D.

*75. Im Auslaut ist es erhalten;* im Inlaut zwischen Vokalen wie auslautend nach Vokal fällt es: *guium* 82. *oï* 279. *esjoï* 280. *aünez* 1864 etc.

Erhalten ist es wenigstens zum Teil (und nur graphisch nach „*ad*" = habet, s. o.) in dem aus a p u d entstandenen *od:* 228. 322. 354. 589. 599. 826. 836. 838. 844 etc., neben *ou* 148. 149. 1114. 2990. *o* 271. 842.

a u t dagegen ergab blofs *ou* 188. 433. 599. 1896.

u b i: *ou* 154. 156. 201. 205. 276. 384. 423 etc. *od* 847. einmal *out* 682, und selbst *donc* = d'où 609.

Die Verwirrung bei apud und ubi beweist am deutlichsten, welchen Wert das *d* in *od* besitzt.

Über *ad* für habet siehe XIII, 71.

*76. Eingeschoben* wird *d* zwischen *nr* und *lr* in *vendra* 180. 2131. *voldra* 1538.

*77. Im Auslaut* nach Kons. wird *d* wie im Gemeinfrz. zu *t:* *commant* (commando*) 2262. *respont* 1911. *leupart* 1648 etc.

## XV. S.

*78. Im Anlaut* steht *s,* einmal *sç* in *scandales* 1225, weil *sc* (vgl. *escient*) = *ss.*

*79. s vor Kons.* im Inlaut ist verstummt, nach folgenden Reimen zu schliefsen: *escrit* (scriptum) : *fist* 2423. *vit* (vidit) : *dist* 2595 (Text *dit,* fälschlich). *traist* steht dagegen fälschlich für *trait* (: vait).

Die Verstummung des *s* vor Kons. wird auch sonst ersichtlich:

1) Durch A s s i m i l a t i o n an den folgenden Kons. oder A u s-

fall vor demselben: *vallez* 761. *mellez* 829, aber *meslez* 1778. *effreia* 2588. *defferme* 2745. 2750. *forfeit* 1515. 2621 (vgl. Köritz, Über das *s* vor Kons., Straßburger Diss. 1885, p. 6). *apotoile* 1064. *ostat* (= ostast) 1079. *soupeçon* 1952. *segreteins* 2529.

2) Durch fälschliches Setzen: *piscois* 231 (vgl. V, *32*, Anm.). *esrei* (iterati\*) 538. 572 etc. *esrant* 572. *esreir* 1021. *disra* 1861. *mesra* (= menra) 2412. *desgrez* 2649. *fundasmes* : *orasmes* 2905. *fusmes* 2909. *remestreit* 3146. *moisnes* 2774. 3057.

Auch in *as* für *a* (erklärlich aus dem folgenden *s* in *Sipont*) 643. *le* statt *les* 734.

*80. Die inlautende scharfe Sibilans* wird meist durch *ss*, aber auch durch *s* und selbst durch *c* wiedergegeben: *essoigne* 100. 101. *ressemble* 379. *passanz* 431. *peissons* 468. *dessevreir* 534. *iessent* 539 etc. — *asez* 77. *asemblei* 1542. *mesage* 1795. *froisier* 2323. *espeicement* 3011, neben *espessement* 1744, und bezeichnend für den Kopisten: *anceis* 881. *enciez* 1319. *anseis* 1446. *anceiz* 1963. *ancies* 2771, für ein- und dasselbe *anceis* (ante-ipsum).

Die aus lat. *c* vor e (i) entstandene Affrikata *ts* wird dagegen an- und inlautend scharf von *ss* geschieden, und graphisch meist durch *c* wiedergegeben:

1) Anlautend: *cent* (centum) 398. *cele* 400. *ceindra* 481. *cendre* 830 etc. Doch finden sich auch hier Verstöße: *sen* = *cen* 2567. *cest* für *s'est* 2636.

2) Inlautend: -*asse* wird von -*ace*, wie *éce* von *esse* geschieden und nicht gereimt. *macons* 391. *facon* 428. *douces* 441. *beneicon* 525. *France* 551. *mercient* 567. *s'esdrecent* 577. *face* 657. *merci* 713. *leece* 764. *commencont* 802. *pouce* 844. *chaca* 1519. *chaucier* 2881 etc.

*sc* findet sich in *oscist* 462, neben *ocises* 1435. *ocis* 1555. Dasselbe auch in Wace, Rom. de Rou ed. Andresen III, p. 547.

*z* steht in *orzul* (urceolum) 897. *orzuel* (dass.) 960, und wechselt mit dem Palatal in *clerzon* 883. 918. *clerjon* 1250.

*81. Die tönende Sibilans*, aus intervokal. *c* vor e (*i*), *ti* entstanden, wird bloß durch *s* ausgedrückt: *jeseit* 149. *faseit* 222. *porjesant* 462. *faisant* 854. *dameisele* 1485. *oisel* 3218. *oreisons* 828. *seison* 3548.

*82. s im Auslaut* ist in einigen Fällen durch *z* ersetzt, besonders hinter *r*: *deforz* 721. 2123 (: *cors*), neben *s* in *fors* 469. 490 (*bars* : *sabars*). *forz* 2042, neben häufigerem *fors* (s. ϙ ged.).

Wie sonst afrz. steht *z* in *jorz* 479. 760. 2168. 2582, aber *jors* 1124, ebenso hinter *ñ*, *l̃*: *vielz* 1503. 1920. *filz* 1509. *mielz* 1782. 1785. 2198.

Nach einfachem *n* steht dagegen meist *s*: *tens* 472. 479. 1799. 2233 etc. *encens* 903. Überwiegend wieder *z* in *sanz* (sine + s) 82. 138. 199. *sans* 2307. *ancieins* 3752, neben *anciez* (antianus*) 1197. Vereinzelt selbst *tz*: *maisontz* 743.

Der umgekehrte Fall, daſs s für z steht, ist auch nicht selten: *pars* 1289. 2795. 3193, gegen *parz* 775. 795. *Normans* 752. *dols* (dulcis) 1274. *sors* 3101. *serpens* 3331. *puis* (puteus) 3620 etc.

*tozdis* steht richtig 1266. 1455. 2286, dafür *tosdiz* 854. *tozdiz* 980. *tos dis* 1175. Selbst nach Vokal steht *z* in *laiz* 769. — Wie man sieht, ist dem Kopisten die Unterscheidung zwischen *s* und *z* im Auslaute total abhanden gekommen; nicht so dem Dichter. Doch siehe weiteres hierüber im einleitenden Paragraphen über Nominalflexion.

Verstummt ist s im Auslaut schon beim Dichter in der Endung der 1. Person Pluralis: Belege s. o. unter *29*.

Auch für *dons* : *donrons* 1044 lese ich *don* : *donron*.

## XVI. C.

*83. c im Auslaut* vor Kons. bleibt entgegen dem Gemeinfranzösischen erhalten in *crote* (crupta) 399, auch im Rolandlied 2580, Rom. de Ren. 716 (nach Littré, cf. auch Archiv für lat. Lexikographie II, 442).

*84. c vor a* wird in der weitaus gröſsten Zahl der Belege wie im Centralfranzösischen durch *ch* wiedergegeben. Ausnahmen finden sich in folgenden Fällen:

1) *Campaigne* 502. 564. 565. 1131. *Toscane* 562. *Cauz* 541. *Caudeu* 3647. *Kalles* 1457. 1478. 1489. 1494. 1630.

2) *Causé* 2399 (Calsoi), heute *Chausey*.

3) *Kalendes* 1223. *cardinal* 1814. *calices* 2146.

4) *capeles* 63. *cantent* 917. *canoines* 1036. 1399. *cauces* 1225. *candelabres* 2145. *casse* (cassa) 2512. *cantee* 2732.

Nur ein Teil dieser Belege kann eventuell für Erhaltung des *c* vor *a* in der Sprache unseres Dichters sprechen, nicht die an ersterer Stelle genannten Orts- und Völkernamen. *Campaigne* bezeichnet die

römische Campagna; *Cauz* das noch heute so genannte *pays de Caux*
(Caletes); ebenso nicht die an dritter Stelle genannten direkt dem
Lat. entlehnten Wörter. — *Kalles* erklärt sich aus der Wanderung
der Eigennamen. — In Betracht kommen nur 2 und 4; zwar letz-
tere könnten auch wie 3 aufgefaſst werden, da sie sämtlich kirchliche
Gegenstände und Verrichtungen bezeichnen; indes finden sich von
ihnen Doppelformen in unserem Texte, so neben *capeles* ein *chapeles*
3169; neben *cantent* ein *chantent* 987; neben *casse* ein *chasse* 2735;
neben *cantee* : *chantee* 820. *chamdelebre* 899. Wahrscheinlicher wird
ihre Beweiskraft dadurch, daſs auch *ce (i)* in unserem Texte in
pikard.-norm. Entwickelung zu *ch* erscheint (darüber s. u.).

85. *Inlautend wird c vor a hinter Kons. ebenfalls zu ch.* Als
Belege führe ich blofs folgende an: *Avrenches* (Abrincas) 35. 155.
*roches* 258. *junchier* 334. 341. 343. *secha* 381. *tochon* 386 (*touge*
1031). *achevei* 393. *boschasge* 439 (auch im Rom. de Rou). *vaches*
779 etc. Dagegen *evesquez* 2018 (episcopatum). *evesquié* 2056. 2771.
2784; *c* in *chercie* (circatum\*) 2654.

Die tönende Media dagegen entstand wie gemeinfrz. in
*chargie* 137. *mangier* 1101. 1109. 2073, bezeichnet mit *j* in *menja*
95. *manjont* 150. 2167. *enchargie* 805. *encharga* 1795. *jugast* 1262.
*jugont* 1260, in den letzten drei Fällen *g* wohl nur dasselbe be-
zeichnend wie *gi, j.*

86. *c vor Kons.* wird regelmäſsig zu *i*, Ausnahme macht blofs
das gelehrte *sacrement* 869. Die Media trat ein in *segresteins* 2529.

87. *Zwischen Vokalen inlautend* fiel *c* entweder aus oder wurde
zu *i* wie gemeinfranzösisch.

88a. *ce (i) + Vokal, ti + Vokal* werden zu *c* (phon. *ts*), ver-
einzelt *ch*.

a) Im Anlaut. *cil* 5. 6. *cels* 10. *ciel* 164. *cert* 178. *cerne* 369.
*cent* 398. *ceindra* 481. Auch in *encensier, encens* 903 (nach Horning,
Das lat. *c* im Rom. 4). *cimetiere* 985. *cisterne* 1140. *cen* (ecce hoc),
vgl. o. s. *n 68* etc. etc.

Ausnahmen: *cha* (ecce hoc) 287. 402. 404. 445 etc. *cherchc*
(circa) 344. *chierge* 900, neben *cierge* 880. 1242. *chez* (ecce istos) 901.
*chels* (ecce illos) 1057. *chercie* 2654, gegen *encerchier* 3330. — *k* in
dem Fremdwort *kiriele* 991.

b) Im Inlaut. I. Vor dem Ton. α) Nach Kons. Lat. e:
*jovencels* 15. *anceisor* 411. *bacin* (baccinum\*) 837. *lancie* 1391 (die-

selbe Form in Waces Rou, Andresen III, v. 1359). *estenceles* 2797. —
Richtiges *archevesque* steht 1035. 1344; dafür nach pikardischer
Weise *arcevesque* 1011. *ch* auch in *eschivout* 1264, dagegen *desciront*
3132. — *franchi* 331 geht wie *franchise* 2270 auf *franchire\** zürück.
Lat. ti$^{Vok.}$ *commencier* 200. *commencie* 873. *denuncier* 748.
*enforcier* 2322. *commenca* 3112. *ancieins* 3752. — Ebenso wenn *c*
vorausgeht: *lecon* 388. *facon* 428. Dagegen: *commencha* 413. 1153.
1514. 2704. 2808. *s'avenchouent* 3393. *depechier* (von de-pĕtia\* ab-
geleitet) 3652.

$\beta$) Nach Vokal. Lat. *c*: *deceuz* 182. *deceu* 190. *receit* 1395.
*mucié* 1958, aber *rechut* 338.

ti$^{Vok.}$ *gracia* 280. *pieca* 1909, aber *perechous* (pigritiosus \*) 1685.

II. Hinter dem Ton oder im Auslaut der betonten
Silbe: *a*) nach Kons.: *sustance* 84. *dolcement* 113. *conoisance*
128. *tierce* 180. *niece* 463. *negligence* 2977. *mescreance* : *doutance* 3501.
Einmal : *semblanche* 3694.

$\beta$) Nach Vokal: *face* 218. *place* : *trace* 244. *grace* 330. + *s*
507. *facent* 2192 etc.

Suffix -*itia*, -*icium*, -*icia* s. unter II, *14*.

*88b. Zwischen Vokalen, vor dem Ton stehendes ce (i), ti* wird
der Regel nach zum tönenden *s*: die Belege sind oben schon gegeben
XV, *81.*

*89. Im Auslaut der Wörter auf* -cem, -cium, -tium wird lat. *c*
durch *z* (= *ts*) und *s* wiedergegeben: *feiz* (vicem) 180. *viax* 221.
*voix* 360. *croix* 845, Acc. *croit* 847. *croiz* 845, s. Horning p. 18.

Vereinzelt ist die Wiedergabe durch *s*: *pries* (pretium) 2044.
*puis* (puteum) 3620. Auch pacem erscheint als *pais* 1449, gegen
*paix* 1455.

Da in unserem Text Wörter mit auslautendem *z* und *s* scharf
voneinander getrennt sind, so können wir in *z* nur die Affrikata *ts*
sehen; ob *s* tonlos oder tönend war, läßt sich nicht entscheiden.

*90. c bleibt im Auslaut* hinter Kons., in wenigen Fällen hinter
Vokal bestehen: *lonc* 38. *donc* 313. *franc* 340. *sac* 120. *lac* 556.
*illuec* 157. *ovec* 460, fiel dagegen in illac: *la* (: *crolla*) 287. 509. 933.
*altresi* (: *di* = dico) 452.

*91. Vor dem flex. s fällt es: amis* 1296. *anemis* 1567. *dus* 1883.
2372 (: *plus*).

Ob in *seis* (siccus) 370 Vokalisierung des *c* vorliegt oder ob *ei*

blofse Schreibung ist, läfst sich, da *seis* nicht im Reime steht, nicht
entscheiden, indessen ist das Letztere wahrscheinlicher.

*c* fiel aus in *clers* 1399, wie andere Mutæ in derselben Stellung:
*g* in *bors* 1393, *f* in *cleis* (clavis) 2040. *bries* 2239.

Gehören die unter an- und inlautendem *c* gebrachten Belege
mit sogenannter „pikardischer" Entwickelung dem Dichter oder dem
Kopisten an? Die Frage ist nicht leicht zu beantworten. Joret, der
sich mit derselben schon mehrmals beschäftigte, gelangt in den
„Caractères" p. 132 zu folgenden Schlüssen: In Anbetracht, dafs
das heutige Avranchin französische Gestaltung des *c vor a* und *ce(i)*,
*ti + Vokal*, d. h. *ch* und *ç* aufweist, wie unser Text im grofsen und
ganzen, ist es wahrscheinlich, dafs einerseits schon das alte Avranchin
sich darin gleich verhielt, somit unser Text in Hs. A verhältnismäfsig
korrekt vorliegt.

Gestützt wird diese Ansicht durch Folgendes: Im Reim läfst
sich rein französische Gestaltung der Gutturalis durchführen (in Be-
tracht kommen allerdings blofs reiche [und weibliche] Reime), es fehlen
Zwitterreime; Hs. B verhält sich darin wenigstens in den mir be-
kannten (ersten 60) Versen gleich.

Ist man von diesen Gründen überzeugt, so wird man die Belege
für *c vor a* = *k*, *ce(i)* — *ti Vok.* = *ch* dem Kopisten zuschieben;
und dieser selbst kann dann nicht dem Avranchin angehören; dafs
es aber nicht notwendig, ihn aufserhalb der Normandie zu suchen,
wird aus Folgendem ersichtlich sein.

Die Untersuchungen Jorets in seiner Schrift „Du C roman"
und in den „Caractères" haben aufs deutlichste dargethan, dafs die
Gestaltung des *c vor a* als *k* und *c vor e (i)* und *ti* $^{Vok.}$ als *ch* nicht
blofs pikardisch, sondern gut normannisch ist. — In der letzterem
Werke beigegebenen Karte der Normandie bezeichnet nun eine mit
der Eisenbahn von Granville über Vire, Argentan, L'Aigle, Verneuil
etwa parallel laufende, doch stets mehr oder minder nach Norden
abweichende Linie die südliche Grenze der Entwickelung von *c vor*
*a* zu *k* und *ce (i)*, *ti* $^{Vok.}$ zu *ch* in der Normandie. Das Avranchin,
Houlme, Hiémois, Perche gehören also zu den Gebieten mit franzö-
sischem Konsonantismus, das Cotentin, Bessin, Plaine de Caen, Plaine
d'Auge, Lieuvin, Roumois etc. zu jenen mit normannisch-pikardischem.
In diesen letzteren müssen wir also unseren Kopisten suchen, voraus-
gesetzt, dafs die Gebiete früher sich ebenso schieden wie heute. Läfst

sich norm.-pik. Behandlung der Gutturales (z. B. in Urkunden) in der Normandie nachweisen, so ist es meines Erachtens erlaubt, unseren Kopisten als Normannen anzusehen. Die schon öfters genannten, von Delisle publ. Urkunden geben die nötigen Beweismittel an die Hand. Ich beginne mit Urkunden aus dem Osten:

Urkunde aus Pont Audemer von 1260, p. 134 der Mém. XVI: *che* (ecce hoc), *chimetiere, larrechin* (dreimal), *chen, raenchon*. Daneben *rechief, champ, porchasa, cen, cen, ceu, changeit*.

p. 242, um 1281, Nr. 957 in Pont Audemer: *chinc* (dreimal), *Ricart, cans* (campos), *escange* (zweimal), *Canterel* (Name eines Bürgers von Pont Audemer), *escangier*. Daneben *France*.

Nr. 958, ibidem: *Calleville, Quief de ville* (Personennamen), *escange* (dreimal), *reclamanche, escangier, cheste*. Daneben *chascun*.

p. 159, 1266, Urkunde des „Mère de Roen": *comanchant, descharchier* neben *ceus* (ecce illos), *citeiens. Franceis. sesche* (sicca).

Nr. 1029, 1284, „Ballif de Roan": weist blofs *sachent, cestes, ce* auf.

Nr. 960, 1281, „Visconte de Roem". *escangier* neben *sachez, cinquante, recevoir*.

Nr. 1002, 1282, Urk. v. Groslay, südlich von Beaumont de Roger sur Risle (nördlich der Joretschen Grenze): *cent, chacier, receues, c'est; cent, ce, ceus* (ecce illos).

Nr. 1003, 1282, von demselben Orte: *celui, ceux*.

Dagegen von dem südlich der Joretschen Grenze gelegenen Verneuil weisen zwei Urkunden des Bailli de Verneuil, Nr. 1002, 1282 an Belegen auf: *chens* (centum) dreimal, *che* (ecce hoc), *pieche, escaanche, chelui, cheus, chier, Franche, fachent, icheles, cheste*.

1005, 1282, von demselben: *Franche, escange, chens, icheles, chil* (ecce illi), *ches, che, chens*. Dieselben Wörter in 1006. 1007. Dazu *recheu* (receputum).

Die Urkunden aus dem Westen sind äußerst spärlich:

p. 242, von Mesnil Robert, viconté de Vire (1280): *eveschie, eschairroit* (von *eschaeir* = *eschaier*), *eveschié*.

p. 339, von 1272, Cherbourg. *Karée* (= *charrée*) viermal. *Karenten* (Ortsname), *chil* (viermal), *che, cheli* (= celui), *cevreil*, neben *marcheans, ce, chevreil, porchas*.

p. 199, Bailli de Coutances, 1315. Abschrift einer königl.

Urkunde von 1275. *prononchié,* neben *cen, ceu, coustances, ce, prononcie, chaoit, faces.*

Dagegen weist die von derselben Baillie für ein Kloster in Mortain im Jahre 1275 gefertigte Urkunde, Bibl. de l'École des Chartes, II. Serie, Bd. I, p. 191, nur französische Gestaltung der Gutt. auf. — Ebenso eine Verfügung der Contesse de Fougères von 1269, bei Delisle Nr. 740.

Bezeichnend für die meisten dieser Schriftstücke ist die Inkonsequenz in der Bezeichnung des *c* vor *a* und *c* vor *e (i)*, *ti* $^{Vok.}$; die französische Bezeichnung findet sich auch da, wo kein Zweifel sein kann, dafs die volkstümliche Entwickelung eine andere war; immerhin gewähren sie uns das bestimmte Zeugnis, dafs die heutige pik.-norm. Gestaltung der Gutt. im 13. Jahrh. in der nordwestl. Normandie vorhanden war, und nichts hindert uns, unseren Kopisten daselbst zu suchen. Dafs er in der Einsetzung seiner eigenen Formen nicht konsequent verfuhr, kann nicht mehr auffallen als bei den Urkunden.

## XVII. Q.

*92. Im Anlaut* bleibt es stets bestehen. Das Relativum *que* wird einmal mit *ke* bezeichnet, die Konjunktion *que* nicht. v. 60 haben Michels Text und die Avrencher Abschrift *Ridalet* resp. *Ridolet.* Es ist aber *Quidalet* (oder *Kidalet*) zu lesen, man vergleiche die Einleitung zum Rom. d'Aquin, p. LXXIV der citierten Ausgabe.

*qu* findet sich für lat. *c* in *quens* 1465. 1551. 1601 etc. Lat. *qu* ist erhalten in *quassex* 2188. *requereit* 939 etc.

*93. Inlautend* wird es wie *c* behandelt, aufgelöst vor folgendem *u,* während dieses zu *v* wird in *eive* (aqua) 838, jünger *eve* 851.

*Seigne* 1387 (Sequana) findet sich auch bei Wace, im Rom. de Rou (vgl. Andresen III, p. 549), und könnte aus dem in normannischen Urkunden (Bd. XVI der Mém.) öfters belegten Secana durch Übergang dieses in Segana*, Segna* entstanden sein. Über eine besondere Gestaltung der Gruppe *qu* in *sequere*\* siehe oben unter *ę + i* und *ǫ + i.*

*94. Im Nachlaut der betonten Silbe* erscheint *qu* für lat. *c* in *croniques* 1379 (gelehrt), *unques* 1391.

*95. In den Auslaut gerückt wird es* zu *c* in *cinc* 1657 (fälschlich *cins* 1496). *donc* 313.

## XVIII. G.

*96. Gutturales g* wird bald mit *g,* bald mit *gu* bezeichnet: *garz* 799. *garison* 1074. *gages* 1080. *gardes* 1968. *langor* 1980. *gart* 2105. *esguardez* 621. *guarirent* 1348. *gardes* 1900. *alanguorez* 1949. *guart* 2218.

Vor *e* bloſs *gu: guerpie* 1386· *guerreia* 1395.

*97. Palatales g* wird bald mit *g,* bald mit *j* bezeichnet. Im Anlaut stets *genz* 184 etc., aber *jaiant* (gigantem) 460. Inlautend *esturgons* 470 (sturionem*). Andere Beispiele s. o. unter 85· — Fehlerhaft ist *roez* 877 (rubeas) neben *roge* 661.

*98. Intervokalisches g fiel aus:* realmes 1488. *Huun* 1789, wohl auch in *seieluns* 2277 (wo *ei* bloſs für *e* stehen wird). *rue* 3012. — In die durch Schwund des *g* entstandene Lücke trat *v: rovast* 1876.

*99. Für Wiedergabe von j* durch *g* findet sich kein Beleg.

## XIX. H.

*100. h ist aspiriert in: face hastivement* 218. *qui le huast* 144· *archevesque Huun* 1789. Sonst ist es bald gesetzt, bald weggelassen: ersteres: *honestement* 1700. *hoi* (hodie) 1900 (dagegen öfters *oie* = hodie, siehe $\rho$ + *i*). *hasté* 2836. *henor* 2379; letzteres: *enora* 1683. *ommage* 1502.

*101. Im Inlaut* fällt ·es· nach Kons. in *Mainart* (Meinhardus) 2129. 2153. *Bernart* 1606.

Im Gegensatz zu afrz. *brueroi* steht es in *bruihairez* 733.

## XX. Die Labiales

bieten nichts vom Gemeinfrz. Abweichendes.

*102. Im Anlaut* bleiben *p, b, v* erhalten.

*103. Inlautend, zwischen Vokalen* werden *p* und *b* zu *v; p* blieb nur erhalten im gelehrten *ensepelir* 2819, vgl. *ensepelie,* Rom. de Rou 5361, und wurde bloſs zu *b* im fremden *leubart* 1640. Bemerkenswert ist *escrire : livre* 2692.

*104. Vor Kons. fielen p und b* aus oder wurden vokalisiert. *escrit* 25. *tens* 472 etc. *bautestiere* 1461, gegen *baptixier* 1671.

*105. Ursprüngliche Geminata* wurde auch hier vereinfacht:

*apareil* 226. *aparellie* 874. *apresteir* 879. *r'aprestauent* 882. *aparteneit* 1091. 1104. *apeleïr* 1705 etc. *abeie* 1845.

106. *Über Einschub* von *p* zwischen *m* und *n*, von *b* zwischen *m* und *l*, *m* und *r* siehe XI.

107. *In den Auslaut* tretende Labiales werden zur Spirans *f* verhärtet: *derechief* : *grief* 172.

108. *Vor flexivischem s fallen* die Labiales wie vor sonstigen Kons.: *pensis* 352. *vis* 1588. *bries* 620. 630.

109. *Deutsches w* wird zu (gutt.) *g,* bezeichnet durch *gu* und *g*, letzteres z. B. in *garder* 1574. 1969. *gant* 2044. *gastee* 1422. 1690.

## Hauptresultate.

Die meisten Eigentümlichkeiten unseres Roman du Mont Saint-Michel (in der Ausgabe von Michel) lassen sich auf einen Abschreiber aus der westlichen Normandie zurückführen, und in einigen Fällen läfst es sich aus den Reimen beweisen, dafs der Dichter mundartliche Formen seiner Heimat in sein Werk aufzunehmen nicht scheute. Es gilt aber auch für ihn im grofsen und ganzen, was Suchier (in der Einleitung zu Warnckes Ausgabe der Lais der Marie de France) über die Sprache der normannischen Dichter (s. o. p. 64) bemerkte.

1) Wie im Centralfranzösischen so wird auch im Normannischen der aus betontem a in (lat.) offener Silbe entstandene e-Laut durch e bezeichnet. Wenn in unserem und anderen westlichen Texten dafür ei erscheint, so kann ich dies nur als wahrscheinlich „ę" bedeutende und von westnormannischen Kopisten des 13. Jahrh. herrührende Schreibung bezeichnen.

2) Mundartlich und für den Dichter nachweisbar ist al = „schriftnormannisch" und centralfranz. aĩ.

3) Im 13. Jahrh. ist in normannischen Urkunden oi = lat. bet. ę in off. Silbe (= norm. ęi, jünger e) allgemein bekannt, wurde aber, nach der häufigen Schreibung, oe (wahrscheinlich oę) ausgesprochen, mit Assimilation des fremden oi an das einheimische e. Öfters aber drückt die Schrift diesen Prozefs nur unvollkommen aus, d. h. sie stellt die ursprünglichen Zeichen nur nebeneinander, daher neben oe ein oie. — Als dann älteres norm. veęir (videre) zu veęr geworden (im 13. Jahrh.), wurde jene Schreibweise auch hierhin

übertragen, daher nach voier, soier: veier, seier, ferner wo sonst oe ausgedrückt werden sollte, wie in poiet für älteres poeit, noiet (= noctem) etc.

4) Aus ǫ + i, ū + i entstandenes uí ist Reimform unseres Dichters und „schriftsprachlich", mundartlich entstand dafür „i" (zum Teil), und dies ist in unserem Text auch zu belegen.

5) leu, lieu = locum sind „schriftsprachliche", milie ( = medium locum) mundartliche, leu und milie durch den Reim gesicherte Formen.

6) ę̄ + i und ǫ́ + i erscheinen im Reim nur in mundartlicher Gestaltung, jenes nur sichergestellt als ię̄, dieses als üę̄, öę̄. — ie — ei = ę̄ + i sind Sondergestaltungen in verschiedenen Mundarten, nebeneinander bestehend in deren gegenseitigem Grenzgebiet, der Heimat unseres Dichters. Die Entscheidung, in welchem Falle hier das eine oder das andere zu Recht bestand, konnte nicht gefällt werden und bedarf einer erneuten Untersuchung.

ei — oie, uie, ue = ǫ́ + i gehören ebenfalls verschiedenen Mundarten an; oie, uie (graphisch für öę̄, üę̄) vermutlich derjenigen unseres Dichters.

6) Specifisch normannisch ist das Pronomen demonstrativum ecce hoc als cen.

7) c + a = ka, c + e (i), ti $^{Vok.}$ = ch gehen vermutlich nur auf den norm. Kopisten zurück.

Lightning Source UK Ltd.
Milton Keynes UK
UKHW051437220119
335762UK00017B/86/P